Guide critique et sélectif des

PARADIS FISCAUX

3e édition
revue et
augmentée

Patrick Rassat
Thierry Lamorlette

Guide critique et sélectif des PARADIS FISCAUX

Stratégies de défiscalisation nationale et internationale des personnes physiques

MAXIMA
LAURENT DU MESNIL ÉDITEUR

Patrick Rassat est professeur honoraire au Groupe HEC, associé de la société d'avocats T.A.J.

Thierry Lamorlette professeur, consultant en gestion de patrimoine, a été professeur à l'Institut de Droit des Affaires de l'Université de Paris (Paris II), il enseigne la planification fiscale personnelle au CERAM et à l'Université Sorbonne Gestion (Paris I).

Kristina Clément, diplômée du Master Ingénierie et Gestion Internationale de Patrimoine du CERAM, est gestionnaire de patrimoine.

Paru chez le même éditeur

Lamorlette T., Rassat P., *Stratégie fiscale internationale*, 3e édition.

infos/nouveautés/catalogue : **www.maxima.fr**

MAXIMA
LAURENT DU MESNIL EDITEUR

192, bd Saint-Germain, 75007 Paris
Tél. : + 33 1 44 39 74 00 - Fax : + 33 1 45 48 46 88

ISBN : 284001 4505

Je ne te dirai point que tu t'en ailles ;
mais je ferai tant que tu t'en iras.
Proverbe espagnol.

À Bertrand, Charlotte, Lucie et Louise.

AVERTISSEMENT

Le terme « paradis fiscal » est à utiliser avec la plus grande prudence. En effet, il peut suggérer une incitation à la désobéissance fiscale qui est étrangère à l'objet de ce livre.

Au contraire de bien des ouvrages qui ne présentent que les avantages des prétendus lieux enchanteurs que seraient les « paradis fiscaux », ce livre met en garde le lecteur contre une optimisation fiscale mal maîtrisée.

La planification fiscale personnelle n'est pas un jeu et les auteurs cherchent d'abord et avant tout à montrer l'état du droit pour une meilleure réflexion sur le sujet tant de la part des administrations que des particuliers et de leurs conseils.

Les auteurs.

INTRODUCTION

La globalisation des échanges, alliée à l'évolution des moyens de transport et à l'explosion des moyens de communication et d'information, ont conduit à une véritable internationalisation de la vie économique. La fiscalité n'a pas échappé à ce mouvement, qui a véritablement bouleversé nos modes de vie et nos systèmes de pensée ; la conception statique et « nationaliste » de la fiscalité est désormais obsolète et doit laisser place à une approche dynamique et globale des systèmes fiscaux.

Cette première remarque est tout particulièrement adaptée à la fiscalité des personnes physiques. En effet, ces dernières se caractérisent essentiellement par leur très grande mobilité, à la différence des entreprises, qui demeurent toujours liées à un territoire par le biais de leurs facteurs de production : les usines et les sites d'exploitation, de même que le personnel, ne sont pas déplaçables et modulables à volonté, ils constituent des facteurs de fixité difficilement surmontables. Les personnes physiques ne sont pas confrontées à de tels obstacles, elles sont par essence éminemment mobiles.

En outre, l'internationalisation des économies et le développement des entreprises transnationales ont entraîné un phénomène de multiplication des situations d'expatriation des salariés. Ce phénomène s'inscrit par ailleurs dans un contexte de démocratisation et de banalisation des voyages à l'étranger, lié à l'évolution des moyens de transport. En conséquence, en ce début du XXIe siècle, la mobilité fiscale internationale n'est plus réservée à des « *happy few* », membres d'un groupe restreint d'individus fortunés.

Cependant, trois principaux éléments nous semblent constituer des facteurs de stabilité, susceptibles de freiner cette mobilité essentielle des personnes physiques. Au premier rang de ces chaînes invisibles qui lient un individu à un territoire se situe évidemment la famille. En effet, la décision de quitter durablement un pays revêt une ampleur et une gravité beaucoup plus grandes pour une personne mariée, avec des enfants scolarisés, qui ont besoin d'une certaine stabilité, et dont l'existence sera profondément affectée – sinon bouleversée – par une telle décision.

Un second frein à la mobilité des personnes nous semble résider dans le manque de moyens matériels et financiers nécessaires. Quitter son pays, sa maison, son emploi, pour commencer une nouvelle existence n'est pas à la portée de tous, cela suppose une certaine aisance financière ou l'assurance de retrouver dans un autre pays un niveau de vie comparable, sinon supérieur.

Enfin, à ces deux premiers facteurs de fixité s'ajoute la structure du patrimoine des personnes. En effet, un patrimoine essentiellement composé de biens fonciers ou immobiliers constitue un obstacle non négligeable à la capacité d'un individu de se déplacer rapidement et de disposer de sa fortune aux quatre coins de la planète. De même qu'un dirigeant d'entreprise ne peut pas mettre ses usines et son personnel dans un avion à destination du pays de son choix, un propriétaire foncier ne peut pas transporter ses immeubles et ses propriétés comme il l'entend. Toutefois, en ce début du XXIe siècle, les patrimoines immobiliers se font de plus en plus rares, les fortunes foncières ont cédé la place aux capitaux mobiliers, éminemment liquides et transférables. En conséquence, la structure du patrimoine est un obstacle de moins en moins insurmontable et la mobilité des personnes s'accompagne aujourd'hui de la fluidité des fonds (on dit souvent que les personnes physiques sont de plus en plus liquides.)

Malgré ces trois difficultés éventuelles, de puissance inégale, il demeure que la mobilité constitue l'une des caractéristiques principales des personnes physiques, et nous verrons que cela est un « avantage concurrentiel » significatif pour les contribuables dans la lutte que mènent les administrations contre l'évasion et la fraude fiscales internationales.

En effet, à l'inverse des individus, les diverses administrations fiscales nationales se caractérisent par une certaine « lourdeur » et une grande rigidité. Elles sont fermement attachées à leur territoire national par plusieurs éléments. D'abord, elles doivent faire face à l'obstacle insurmontable de la souveraineté fiscale des États, qui interdit à toute administration d'intervenir de quelque façon que ce soit sur un territoire étranger. Certes, diverses dispositions des conventions fiscales internationales, telles que les clauses d'assistance administrative ou d'échange de renseignements, apportent une légère atténuation à ce principe strict ; mais en pratique, ces clauses ne représentent qu'une infime brèche dans le cloisonnement étanche entre les administrations nationales (sauf en matière de lutte contre le terrorisme et le crime organisé).

Par ailleurs, le critère déterminant de l'imposition d'une personne dans un État ou dans un autre réside dans la notion de domicile fiscal ou de résidence fiscale. Or, ce concept est indissociable de la notion de la présence physique d'un individu sur un territoire donné. Cette présence peut être permanente ou temporaire. Elle peut être directe ou bien prendre la forme d'un foyer d'habitation, d'une activité professionnelle, d'un domicile ordinaire, etc. Cependant, quels que soient les critères qui permettent de caractériser cette résidence fiscale, elle demeure étroitement liée à une certaine stabilité et à une certaine permanence sur un territoire géographique précis.

Enfin, les administrations fiscales ont une forte tendance à privilégier le quantitatif sur la qualitatif : elles sont plus intéressées par le nombre de contribuables redressés que par le montant des redressements effectués. Dès lors, se laissant entraîner par la facilité, elles préféreront multiplier les contrôles à l'encontre des « petits fraudeurs », aisément et rapidement identifiables, dont les manœuvres manquent singulièrement d'ingéniosité et portent sur de petits montants. En revanche, les brigades du fisc hésiteront à lancer des contrôles de plus grande ampleur contre des contribuables mobiles, recourant à des montages sophistiqués, dans la mesure où de tels contrôles nécessitent la mise en œuvre de moyens importants et ne débouchent pas systématiquement sur un redressement.

En conséquence, les administrations fiscales sont essentiellement stables et rigides et se trouvent donc dans une position d'infériorité relative face aux individus, doués d'une grande mobilité et d'une grande capacité de réaction. C'est un *challenge* difficile à relever pour ces administrations, que de contrôler efficacement, des contribuables personnes physiques.

Cette conjonction de la lourdeur des administrations et de la mobilité des individus crée naturellement des opportunités pour les contribuables désireux d'échapper à l'impôt. Or, les raisons de vouloir éluder l'impôt ne manquent pas.

D'abord, pour certaines catégories de contribuables, la charge de l'impôt est devenue véritablement insupportable. C'est le cas notamment des salariés, comme en témoignent les chiffres suivants.

Ainsi, en France, le poids global des prélèvements obligatoires (impôts sur le revenu, cotisations sociales, impôts à la consommation, impôts sur le patrimoine et impôt sur les sociétés) représente environ 44,9 % du produit intérieur brut, ce qui place la France dans le peloton de tête des pays de l'OCDE. Par ailleurs, les prélèvements – essentiellement sociaux – effectués en France sur les salaires et supportés par le salarié représentent en moyenne entre 20 et 25 % du salaire brut. Enfin, la seule charge de l'impôt sur le revenu des personnes physiques représente environ 20 % du revenu brut disponible des ménages. En conséquence, si l'on prend en compte la charge des divers impôts à la consommation, tels que la TVA ou la taxe intérieure sur les produits pétroliers, on estime qu'un salarié français conserve environ 24 % des fruits de son travail.

Cette pression fiscale extrêmement forte semble confirmer la sombre vision de l'historien Jules Michelet, qui décrivait le fisc en ces termes :

> *Sous Philippe le Bel, le fisc, ce monstre, ce géant naît altéré, affamé, endetté. Il crie en naissant comme le Gargantua de Rabelais : à manger, à boire ! L'enfant terrible dont on ne peut soulager la faim atroce mangera au besoin de la chair et boira du sang. C'est le Cyclope, l'ogre, la gargouille dévorante...*

Or, lorsqu'elle devient intolérable, la pression fiscale peut transformer d'honnêtes gens en fraudeurs. C'est le sens de l'adage « trop d'impôt tue l'impôt ». En quelque sorte, les contribuables se sentent en position de « légitime défense fiscale ».

D'autre part, avec la multiplication et la sophistication des impôts (IRPP, CSG, TIPP, TVA, ISF, cotisations sociales, etc.), la fiscalité est de plus en plus perçue comme une grande toile d'araignée, dans laquelle le contribuable se sent « englué », et dont il cherche à s'échapper par tous les moyens.

Par ailleurs, parmi les diverses raisons susceptibles d'inciter un individu à éluder l'impôt nous semble figurer en bonne place le simple plaisir – sinon la jouissance – qu'éprouve le contribuable à l'idée de tromper l'administration. Cette sorte de fascination pour la fraude fiscale est surtout caractéristique des pays dits « latins ».

Enfin, ces diverses tendances qui portent les individus vers la fraude ou l'évasion fiscale trouvent plus facilement à s'exprimer grâce à la présence de « tiers médiateurs », qui proposent aux contribuables de multiples produits : du produit à régime fiscal incitatif au produit défiscalisé, jusqu'au produit « sans-fiscalité-du-tout ».

Une fois ainsi établies les diverses motivations qui peuvent animer un individu lorsqu'il tente de se soustraire à l'impôt, une approche plus « sociologique » s'impose, afin de déterminer plus exactement *qui* est ce fraudeur fiscal. A cet égard, soulignons d'emblée qu'il n'existe pas à notre sens un seul type de fraudeur, mais plusieurs, dont nous allons dresser une sorte de typologie.

Dans la mesure où nous nous plaçons volontairement sur un terrain international, écartons tout de suite le « simple » fraudeur fiscal national, qui minore le montant de ses traitements et salaires, majore ses frais réels ou « omet » d'indiquer sur ses factures une partie des travaux qu'il a effectués, et qui lui ont été réglés en argent liquide... Nous nous intéresserons plus particulièrement aux fraudeurs internationaux, qui entretiennent l'ambiguïté sur leur résidence fiscale, profitent de la richesse culturelle et artistique de divers « paradis fiscaux », et que l'on appelle communément les « nomades fiscaux ».

Or, là encore, il n'existe pas un seul type de nomade fiscal. A notre sens, il convient plutôt de distinguer trois grandes catégories : le nomade volontaire, le nomade involontaire et le « faux » nomade ou « nomade apparent ».

Le nomade volontaire est un individu dont le seul but dans l'existence est d'échapper à l'impôt. Dès lors, il est prêt à tous les sacrifices pour atteindre cet objectif : il voyage sans cesse, ne demeure jamais durablement dans un pays et ne possède aucun bien susceptible de le rattacher d'une façon ou d'une autre à un territoire précis. Il est guetté par les administrations fiscales des pays industrialisés, qui attendent qu'il pénètre sur leur territoire pour l'assujettir à l'impôt et s'emparer de la « masse taxable » qu'il représente. Enfin, il passe la plus grande partie de son existence dans diverses îles du Pacifique ou de l'Océan Indien, qui peuvent nous sembler paradisiaques, mais qui se transforment rapidement en « enfers fiscaux » lorsqu'on est forcé d'y demeurer à longueur d'années.

Une catégorie de nomade fiscal très différente nous semble être le nomade « involontaire ». Cette seconde catégorie se compose principalement des salariés d'entreprises multinationales expatriés. Dans la mesure où ils doivent résider à l'étranger, ils vont naturellement chercher à bénéficier du statut fiscal le plus avantageux. Ils ne disposent que de quelques points communs avec les nomades volontaires : ils demeurent hors de leur territoire national, ils changent assez souvent de domicile et de pays et jouent sur le concept de résidence afin de supporter la charge fiscale la plus faible possible. Mais ces nomades involontaires sont en fait de « faux » nomades fiscaux, ils ne sauraient en aucun cas être qualifiés de fraudeurs.

Enfin, on peut distinguer une troisième catégorie de nomades, que nous avons baptisés « nomades apparents ». Il s'agit de personnes qui sont attachées à un territoire pour diverses raisons : parce que leur vie de famille les retient dans leur pays d'origine, parce qu'elles disposent de propriétés foncières ou immobilières, ou tout simplement parce qu'elles ne souhaitent pas mener l'existence éprouvante et agitée des « vrais » nomades fiscaux. Cependant, ces personnes désirent pourtant échapper à l'impôt et profiter des avantages dont disposent les « vrais » nomades. En conséquence, ces personnes vont recourir à de multiples montages pour déguiser leur résidence fiscale et essayer d'abuser l'administration en prétendant qu'elles résident à l'étranger et que leur patrimoine est détenu par telle ou telle structure située dans un territoire à fiscalité privilégiée. Si ces nomades apparents sont de faux nomades fiscaux, ce sont bien en revanche de vrais fraudeurs, peut-être plus encore que les « vrais » nomades, qui acceptent de faire les efforts nécessaires et de mener l'existence qu'impose leur désir d'éluder l'impôt. Enfin, le nomade apparent éprouve vraisemblablement un plaisir bien supérieur encore à celui du vrai nomade, dans la mesure où il trompe l'administration au dernier degré.

PREMIÈRE
PARTIE

TENTATION ET RÉPRESSION MOYENS D'ÉVASION FISCALE PERSONNELLE MÉCANISMES DE LUTTE ANTI-ÉVASION

CHAPITRE I

DISPARITÉ DES RÈGLES DE TERRITORIALITÉ APPLICABLES AUX PERSONNES PHYSIQUES

1. MONDIALISATION

1.1 TERRITORIALITÉ DE L'IMPÔT AMÉRICAIN SUR LE REVENU

Avant d'exposer les principes qui régissent les règles de territorialité de l'impôt sur le revenu américain, il convient d'abord de s'arrêter sur la notion de résidence, telle qu'elle s'entend aux États-Unis.

1.1.1 LA NOTION DE RÉSIDENCE FISCALE DES PERSONNES PHYSIQUES AUX ÉTATS-UNIS

Le *Tax Reform Act* de 1984 est venu simplifier et clarifier la question de l'imposition des personnes physiques en apportant une définition précise du concept de résident fiscal. En conséquence, l'IRS considère désormais qu'une personne physique est résidente si elle remplit l'une des trois conditions suivantes :

– elle est un « *résident permanent* » au sens de la loi sur l'immigration. En pratique, cela signifie que cette personne est en possession d'une *green card*, délivrée par l'*Immigration and Naturalization Service* ;
– si elle ne possède pas de *green card*, une personne peut également être considérée comme résidente américaine si elle a séjourné aux États-Unis au moins 183 jours au cours de la dernière année civile écoulée ;
– enfin, si ce seuil minimum de 183 jours n'est pas atteint, une personne étrangère peut malgré tout être considérée comme résidente si elle a séjourné au moins 31 jours aux États-Unis au cours de la dernière année civile écoulée, et à condition que sa présence aux États-Unis au cours des deux années précédant la dernière année civile écoulée soit au moins égale à 183 jours.

1.1.2 TERRITORIALITÉ DE L'IMPÔT AMÉRICAIN

Le système de territorialité de l'impôt américain est tout à fait original et spécifique, et diffère notamment du système français de territorialité de l'impôt sur le revenu, que nous allons exposer plus loin.

En effet, il faut d'abord savoir que tout citoyen américain est imposé aux États-Unis sur son revenu mondial, quelle que soit sa résidence et quelles que soient les dispositions des éventuelles conventions fiscales. Cette imposition universelle et systématique des citoyens américains est significative de l'appréhension « impérialiste » de la fiscalité, caractéristique de l'administration américaine.

Les citoyens américains sont liés fiscalement aux États-Unis par une obligation déclarative mondiale. L'universalité de cette obligation se fonde à la fois sur le lieu de résidence et sur les revenus à déclarer. Quelque soit son lieu de résidence et la source des revenus qu'il perçoit, le citoyen américain devra soumettre une déclaration de revenu à

l'état fédéral américain sur laquelle sera reportée la totalité de ses revenus de l'année fiscale.

Par ailleurs, le mode d'imposition des étrangers résidents américains est également très simple : ils sont généralement imposables comme tout citoyen américain, c'est-à-dire sur la base de tous leurs revenus mondiaux.

Enfin, se pose alors la question de l'imposition des personnes physiques étrangères non résidentes. Le mode d'imposition des étrangers non résidents, ainsi que l'assiette de l'impôt, dépendent de trois éléments fondamentaux :

- la nature et la source des revenus du contribuable,
- la nature des activités du contribuable aux États-Unis,
- et la nature de la relation entre son revenu et ses activités aux États-Unis.

En effet, une **personne physique** étrangère **non résidente** des États-Unis est soumise à un impôt sur le revenu au taux progressif de droit commun (variant de 14 à 60 %), à raison de tous ses revenus « ***effectivement liés*** » à l'exercice d'une **activité professionnelle** aux États-Unis.

Ses autres revenus de source américaine, qui ne sont pas considérés comme « effectivement liés » à l'exercice d'une activité professionnelle aux États-Unis (tels que les intérêts et les dividendes notamment), seront soumis à une retenue à la source de 30 %. Toutefois, ce taux de droit commun de 30 % pourra éventuellement être réduit par le jeu des conventions fiscales bilatérales.

Les plus-values de source américaine réalisées par un non-résident sont imposées différemment selon leur nature. Ainsi, d'une façon générale, les plus-values de cessions de biens meubles sont exonérées de toute imposition, alors que les plus-values immobilières sont imposées à un taux minimum spécial.

Enfin, en principe, les étrangers non résidents ne sont pas imposables aux États-Unis sur leurs revenus de source étrangère.

Les détenteurs de la carte de résident *green card* sont confrontés aux mêmes obligations déclaratives que les citoyens américains.

Afin d'éviter une double imposition de leurs citoyens, les États-Unis ont signé des conventions internationales avec de nombreux États. Mais, ils ont aussi institué des règles fiscales de droit interne américain.

Ainsi, il existe principalement trois règles de droit interne ou conventionnel américain destinées à supprimer une double imposition des citoyens américains ou des détenteurs de la carte verte résidant en dehors des États-Unis.

- ***Déduction de la base imposable américaine des revenus perçus à l'étranger : Section 9.11***

Afin de bénéficier de cette déduction des revenus imposables aux États-Unis, les personnes expatriées doivent exercer une activité professionnelle et posséder un foyer fiscal en dehors des États-Unis. Elles doivent de plus répondre à l'une de ces catégories :

- *Bona fide resident,* un citoyen américain résidant sans interruption à l'extérieur des États-Unis pendant une année fiscale entière.
- *Physical Presence,* un citoyen américain ou un détenteur de *green card* résidant sans interruption à l'extérieur des États-Unis pour une période de 330 jours entiers pendant 12 mois consécutifs.

Ces contribuables bénéficient alors de la déduction de leur base imposable pour les revenus de source étrangère et de crédit d'impôt pour les impôts payés à l'étranger.

Les États-Unis ont principalement retenu deux déductions de revenus pour les contribuables résidant en dehors des États-Unis :

- Il s'agit tout d'abord d'une déduction de la base imposable mondiale des revenus de source extérieure des États-Unis (Section 9.11). Cette déduction ne peut excéder 70 000 $ par année entière. Elle est portée à 140 000 $ pour un couple marié.
- Les frais de résidence à l'étranger sont pris en compte dans le calcul de l'impôt américain. Ils viennent en déduction des revenus pour la partie excédant un certain plafond fixé annuellement.

Enfin, les États-Unis accordent un crédit d'impôt appelé *Foreign Income Tax Credit*.

Cette réduction du montant de l'impôt américain correspond au montant de l'impôt étranger payé plafonné au montant total de l'impôt américain se rapportant aux revenus de source étrangère.

Pour finir, les personnes résidant en dehors des États-Unis bénéficient des mêmes déductions que les Américains résidents des États-Unis.

- *Exemptions* : abattement de 2 450 $ par personne (un couple avec 2 enfants a droit à un abattement de 4 × 2 450 $ = 9 800 $).
- *Standard déduction* : abattement variant selon le statut familial (3 800 $ célibataire, 6 350 $ couple etc.).

1.2 LE SYSTÈME FRANÇAIS

La loi n° 76-1234 du 29 décembre 1976 fixe les règles de territorialité de l'impôt sur le revenu français. En vertu de cette loi, la portée de l'obligation fiscale qui pèse sur un contribuable au titre de l'impôt sur le revenu dépend d'un critère essentiel : la localisation de son domicile fiscal.

En effet, les personnes dont le domicile fiscal est situé en France sont imposables en France sur l'ensemble de leurs revenus, de source française et étrangère : leur obligation fiscale est dite « illimitée ». En revanche, les personnes fiscalement domiciliées hors de France ne sont passibles de l'impôt qu'à raison de leurs revenus de source française : il ne pèse sur elles qu'une obligation fiscale « restreinte ».

1.2.1 LE TERRITOIRE FISCAL FRANÇAIS AU SENS DE L'IMPÔT SUR LE REVENU

La localisation en France du domicile fiscal constitue donc un élément déterminant du statut fiscal d'un contribuable, et il convient de définir d'emblée ce que l'on entend exactement par le terme « France ». Le territoire fiscal français, au sens de la législation en matière d'impôt sur le revenu, comprend la France métropolitaine et la Corse, auxquelles s'ajoutent les département d'Outre-Mer (Guadeloupe, Guyane, Martinique et Réunion), bien qu'ils disposent de certaines particularités, notamment en matière de calcul de l'impôt. En revanche, les territoires d'Outre-Mer (Nouvelle-Calédonie, Polynésie Française, Terres Australes et Antarctiques Françaises et Wallis et Futuna), ainsi que Mayotte et Saint-Pierre-et-Miquelon, n'appartiennent pas au territoire fiscal français et disposent d'un régime spécifique et autonome d'impôt sur le revenu. A titre de remarque, on notera que la définition du territoire français n'est pas la même au sens de l'impôt sur le revenu et au sens de l'impôt sur les sociétés : la définition est plus large pour l'IRPP que pour l'IS. En effet, la Principauté de Monaco, les TOM ainsi que la Nouvelle-Calédonie appartiennent au territoire fiscal français au sens de l'impôt sur le revenu, mais pas au sens de l'impôt sur les sociétés.

1.2.2 LA DÉTERMINATION DU DOMICILE FISCAL EN DROIT INTERNE FRANÇAIS

Après avoir ainsi fixé les limites du territoire fiscal français, examinons les critères de localisation du domicile fiscal d'un contribuable.

Soulignons d'abord que le domicile fiscal ne dépend ni de la nationalité ni du domicile civil du contribuable ; il est déterminé par des règles précises et spécifiques, définies à l'article 4-B-1 du Code Général des Impôts, issu de l'article 2 de la loi du 29 décembre 1976. En vertu de cet article, une personne est considérée comme ayant son domicile fiscal en France lorsqu'elle remplit au moins l'une des quatre conditions suivantes :

1. Son **foyer** est situé en France : une instruction administrative en date du 26 juillet 1977 est venue préciser la signification de cette notion de foyer. Le foyer s'entend du lieu où le contribuable ou sa famille (épouse et enfants) habite normalement, c'est-à-dire du lieu de sa résidence habituelle, à condition que cette résidence en

France ait un caractère permanent. Cette résidence demeure le foyer du contribuable, même s'il est conduit, pour des raisons professionnelles par exemple, à séjourner temporairement hors de France, dès lors que sa famille continue d'y habiter et que tous ses membres s'y retrouvent. Cela peut être le cas notamment des salariés d'entreprises multinationales françaises détachés à l'étranger, et qui passent une partie de l'année hors de France.

2. Est également considérée comme domiciliée en France une personne qui y a son **lieu de séjour principal**.
Pour l'administration fiscale, d'une façon générale, cette condition est réputée remplie dès lors qu'un contribuable a résidé en France plus de 183 jours au cours de l'année considérée [1].
Cependant, ce critère n'est pas absolu. En effet, le Conseil d'État a jugé qu'un contribuable avait son lieu de séjour principal en France dès lors qu'il y résidait pendant une durée nettement supérieure à celle de ses séjours dans d'autres pays [2].
Enfin, pour l'application de ce critère, les conditions de séjour du contribuable en France sont indifférentes : peu importe qu'il réside dans un hôtel, dans une maison louée, dans une maison lui appartenant ou dans un logement mis gratuitement à sa disposition.

3. Le troisième critère de localisation du domicile fiscal en France réside dans l'exercice en France d'une **activité professionnelle**, salariée ou non, à moins que le contribuable ne puisse justifier qu'il exerce cette activité à titre accessoire.
Il convient de souligner que la charge de la preuve du caractère accessoire de l'activité exercée en France incombe expressément au contribuable.
L'instruction précitée du 26 juillet 1977 précise que le caractère accessoire de cette activité s'apprécie d'abord

1. Instruction du 26 juillet 1977, n° 4, précitée.
2. CE, 19 novembre 1969, req. 75925.

en fonction du temps qui y est effectivement consacré. Si ce critère se révélait insuffisant, il y aurait alors lieu de se référer à la part relative des éventuels revenus issus de l'activité professionnelle exercée en France, par rapport aux revenus issus de l'activité exercée à l'étranger.

4. Enfin, est également considérée comme fiscalement domiciliée en France toute personne qui a dans notre pays **le centre de ses intérêts économiques**. Il s'agit du lieu où le contribuable a effectué ses principaux investissements, où il possède le siège de ses affaires, à partir duquel il administre ses biens. Il peut s'agir également du lieu où il a le centre de ses activités professionnelles ou encore celui d'où il tire la majeure partie de ses revenus.

1.2.3 LA SITUATION PARTICULIÈRE DES COUPLES AU REGARD DE LA TERRITORIALITÉ DE L'IRPP

Jusqu'en 1983, la notion de domicile fiscal s'appréciait au niveau du *chef de famille*. Or, cette notion a été supprimée par la Loi de Finances de 1983, ce qui est venu compliquer la situation des couples au regard de la territorialité de l'impôt sur le revenu. En effet, le domicile fiscal doit désormais s'apprécier au regard de la situation fiscale personnelle de chacun des conjoints, pris isolément. On doit donc examiner la situation de chaque conjoint à la lumière des critères définis à l'article 4-1-B. Dès lors, il peut très bien se produire que l'un des conjoints soit résident français et l'autre pas.

1.2.4 LE CAS PARTICULIER DES AGENTS DE L'ÉTAT

La loi prévoit des dispositions applicables à certains agents de l'État. En effet, selon l'article 4-2-B du Code Général des Impôts, les agents de l'État qui exercent leurs fonctions ou sont chargés de mission dans un pays étranger, et qui ne sont pas soumis dans ce pays à un impôt personnel sur l'ensemble de leurs revenus, sont considérés comme fiscalement domiciliés en France, et sont alors imposables en France sur la totalité de leurs revenus.

La question de savoir si cette disposition s'applique aux agents de l'État en poste dans les territoires d'outre-mer n'est pas totalement tranchée. En effet, si l'on examine la lettre du texte, les agents en poste dans les TOM ne devraient pas être soumis à cette disposition, dans la mesure où le texte fait expressément référence aux « États étrangers ». Or, bien qu'ils ne fassent pas partie du territoire fiscal français, les TOM sont pourtant bien partie intégrante de la France, au sens administratif et géographique du terme, et ne sauraient être considérés, à notre avis, comme des « États étrangers ». Cependant, la Cour d'Appel Administrative de Nancy en a jugé autrement, dans un arrêt du 25 juin 1991 [1], où elle considère que la Polynésie est assimilable à un territoire étranger au sens de l'article 4-B-2 du Code Général des Impôts.

1.2.5 LES SALARIÉS DÉTACHÉS À l'ÉTRANGER : L'ARTICLE 81-A DU CGI

Comme on l'a vu plus haut, les contribuables domiciliés en France sont en principe passibles de l'impôt sur le revenu à raison de l'ensemble de leurs revenus mondiaux. Cependant, afin d'inciter les salariés français à la mobilité internationale, et afin d'étendre la présence des entreprises françaises à l'étranger, le Législateur a prévu un régime fiscal favorable destiné aux salariés envoyés à l'étranger, par un employeur établi en France, mais qui conservent leur domicile fiscal en France. C'est le cas par exemple des salariés expatriés dont la famille – et donc le foyer au sens de l'article 4-B-1 du Code Général des Impôts – reste en France. L'article 81-A du Code Général des Impôts pose le principe et fixe les modalités d'application de ce régime fiscal spécifique.

Cet article 81-A prévoit que :

---

1. CAA Nancy, 25 juin 1991, req. 974.

- les personnes de nationalité française (ou ressortissantes d'un pays ayant conclu avec la France un accord de réciprocité) ;
- qui sont envoyées à l'étranger par un employeur établi en France ;
- mais qui conservent leur domicile fiscal en France ;

peuvent bénéficier d'une exonération totale ou partielle d'impôt sur leurs traitements et salaires.

L'exonération totale peut intervenir dans deux cas :

1. Le salarié détaché ne sera pas assujetti à l'impôt sur le revenu en France s'il est en mesure de justifier que ses rémunérations ont effectivement été soumises à un impôt sur le revenu au moins égal aux deux tiers de celui qu'il aurait à supporter en France sur la même base d'imposition.
2. Le second cas d'exonération totale est lié à l'exercice à l'étranger de certaines activités – limitativement énumérées par la loi – pendant plus de 183 jours au cours d'une période de douze mois consécutifs.

Par ailleurs, lorsque le salarié ne peut pas bénéficier de l'une de ces exonérations totales, il peut cependant bénéficier d'une exonération partielle, applicable aux **suppléments de salaires** qu'il a perçus en rémunération de son détachement à l'étranger. Cela signifie qu'il ne sera imposable en France qu'à raison de la rémunération qu'il aurait perçue s'il avait exercé cette même activité en France.

1.2.6 L'INCIDENCE DES CONVENTIONS FISCALES INTERNATIONALES

Les règles que nous venons d'examiner relèvent exclusivement du droit interne français. Or, le droit interne est applicable sous réserve des dispositions d'éventuelles conventions fiscales internationales. En conséquence, la localisation en France du domicile fiscal d'un contribuable, en application de l'un des critères quelconques énumérés ci-dessus, peut être remise en cause par les dispositions d'une convention fiscale, s'il s'avère qu'elles sont contraires aux prescriptions du droit interne.

D'une manière générale, en cas de contradiction entre une règle de droit interne et les dispositions d'une convention, les dispositions de la convention s'appliquent prioritairement. Dans cette hypothèse, pour déterminer la résidence fiscale du contribuable, on se référera alors aux critères exposés par la convention, qui peuvent être différents des critères de droit interne français.

En revanche, lorsqu'il n'existe aucun conflit entre le droit interne et la convention, ou bien lorsque la convention accorde à la France le droit d'imposer, les critères de droit interne s'appliquent.

2. TERRITORIALITÉ RESTREINTE

Les pays qui pratiquent, en matière d'impôt sur le revenu, le principe de la territorialité restreinte, sont le plus souvent des paradis fiscaux.

Les résidents de ces États ne sont imposés sur leurs revenus, que dans la mesure où ces derniers trouvent leur origine dans le pays d'accueil, *a contrario*, l'ensemble des revenus de source étrangère échappe à toute imposition.

Pour être complet, on signalera également que certains États qualifiés de *zéro haven* ne connaissent pas d'impôts sur le revenu dans leur système fiscal. Pour ces États peu nombreux, le concept même de territorialité de l'impôt n'est pas utilisé.

3. CONVENTIONS INTERNATIONALES ET DROIT INTERNE

La situation d'un contribuable doit-elle s'apprécier au regard de la seule convention liant son pays d'origine et la France ou bien doit-on donner priorité à l'examen de la situation de cette personne au regard du droit interne ?

Les conventions fiscales internationales sont toujours conclues aux fins d'éviter les phénomènes de doubles impositions. Souvent dénommées conventions de non-double imposition, elles ont pour finalité de faire dans certains cas échec à une imposition prévue par la loi interne. Il convient donc d'examiner en premier lieu si le contribuable possède ou non son domicile fiscal en France. Cette analyse et cette méthode se trouvent confortées par le fait que de nombreuses conventions internationales sont rédigées suivant le modèle OCDE, modèle qui renvoit en premier lieu aux législations des États en ne proposant des critères permettant d'établir la qualité de résident que dans le cas où il existe un conflit entre les deux États pour attribuer au contribuable son domicile.

Les conventions internationales présentent un caractère subsidiaire : l'autorité supérieure à celle des lois que l'article 55 de la Constitution Française confère à tout traité international, ne joue que pour autant que la loi interne est susceptible de trouver application.

A compter de 1977 s'applique la notion de domicile fiscal (4.A du CGI) que définit le 1. de l'article 4.B du même code.

4. LE NON-RÉSIDENT

Devenir non-résident, ce souhait est fréquemment formulé par les personnes physiques domiciliées en France. Il a été fortement médiatisé ces dernières années. La qualité de domicilié de France implique l'assujettissement à l'IR [1] sur l'ensemble des revenus, quelle que soit la source géographique de ces derniers (mondialisation).

Devenir non-résident concerne – à l'expérience – une faible population de personnes physiques. Rappelons que, à l'instar de M. Jourdain, beaucoup de domiciliés de France, au sens de l'IR, ignorent cette qualification fiscale, au demeurant contraignante... L'assujettissement à l'IR qui date de la dernière guerre est, à l'examen, bien intégré en France. Aussi, la personne physique qui souhaite planifier son imposition – pour autant que sa mobilité financière, personnelle et économique, soit possible – devra :

1. Comprendre les critères d'imposition pour revendiquer la qualité de non-résident.
2. Bien mesurer l'intérêt d'une telle qualité fiscale.

Nous analyserons brièvement ces deux données qui restent les préalables obligés de toute réflexion en la matière. En effet, la qualification requise de non-résident n'est pas clandestine. Bien au contraire, sa mise en œuvre doit être parfaitement éclairante pour les deux États concernés par une telle novation de domicile.

4.1 COMPRENDRE LES CRITÈRES D'IMPOSITION

A titre liminaire, l'intérêt de la délocalisation patrimoniale est directement dépendant de la pression fiscale globale exercée sur l'individu et des contraintes financières pénalisantes, notamment en matière de mobilité du patrimoine. La disparition du contrôle des changes est, à ce stade, à saluer. La législation nationale en la matière – qui méritait pleinement son qualificatif de « Musée » – a en effet été abolie au 1er janvier 1990. La liberté des transferts et des flux financiers devient la règle de droit, nonobstant la

1. Cf. Article 4.A du CGI.

mise en œuvre d'un processus fiscal de contrôle très discutable [1].

L'approche pragmatique, compte tenu d'une évolution jurisprudentielle structurée depuis 1976, conduit à :

1. Souligner la définition très extensive du domicile en droit interne.
2. Expliciter les conséquences.

Au regard de la première donnée, soulignons qu'il n'existe pas de véritable définition du domicilié de France ou du non domicilié. Pour définir ce concept, des critères économiques, personnels ou professionnels sont retenus. On comprendra que la reconnaissance d'un seul de ces critères justifiera du domicile en France et de l'imposition corrélative. En pratique, il est juste d'affirmer que « la présomption de domiciliation fiscale en France » est fréquemment mise en œuvre par l'Administration fiscale.

L'article 4.B énonce :

« Sont considérées comme ayant leur domicile fiscal en France :

a) les personnes qui ont en France leur foyer ou le lieu de leur séjour principal ;
b) celles qui exercent en France une activité professionnelle, salariée ou non, à moins qu'elles ne justifient que cette activité y est exercée à titre accessoire ;
c) celles qui ont en France le centre de leurs intérêts économiques. »

A contrario, la nationalité ou la durée du séjour ne sont pas des facteurs qualificatifs déterminants. Cette compréhension très large du concept de domicilié est très conservatrice des droits de l'administration.

---

1. Art. 1768 *bis* 2 du CGI. Amende fiscale de 750 € par compte non déclaré. Au sein d'une Union Économique et Monétaire où une bonne moitié des États demeurent, peu ou pas, communicants on s'interroge sur l'opportunité d'une telle sanction.

Les conséquences de la domiciliation en France sont bien connues du contribuable. Le paiement de l'IR et de l'ISF, par les redevables possédant un patrimoine important, sont les conséquences les plus significatives. Il en est de même en matière successorale, compte tenu des règles de territorialité applicables. Pour tenter d'échapper aux conséquences précitées, la personne physique devra impérativement être hors du champ d'application de l'article 4.B et s'intégrer à son nouvel État d'accueil, qui ne saurait être dans un premier temps un paradis fiscal.

4.2 L'INTÉRÊT D'ÊTRE NON-RÉSIDENT

Comme déjà relevé, les personnes physiques qui pourraient se détacher des facteurs attractifs de l'article 4 du CGI auraient vocation à revendiquer la qualité de non-domicilié (en l'absence de convention fiscale) ou de non-résident (en présence d'une convention fiscale). Il est probable que le choix d'un État ayant signé une convention bilatérale avec la France sera, comme dans la majorité des cas, retenu [1].

Ajoutons que la réalité du transfert de France à destination de l'étranger ne saurait être contestable et les critères d'établissement à l'étranger doivent être et demeurer très solides. Il importe de respecter avec une grande attention les critères de qualification de la convention fiscale signée avec l'État d'accueil. En matière conventionnelle – contrairement à ce que retient l'article 4.B du CGI – les critères de qualification sont cumulatifs. Acceptons, dans le cadre de cette brève démonstration, que le qualificatif fiscal de NON-RÉSIDENT soit pleinement reconnu à cet ancien contribuable national.

Au préalable, notons que le patrimoine peut être librement transféré dans le nouvel État de résidence sans

1. Notamment pour éviter d'être imposé sur trois fois la valeur locative du bien immobilier, éventuellement conservé en France (application de l'article 164.C du CGI). A la réflexion, la conservation d'un patrimoine immobilier en France paraît peu avantageuse.

aucune contrainte réglementaire. Devenu non-résident, la fiscalité française très douce est alors applicable. Nous en rappellerons l'intérêt tant au regard de l'IR que de l'ISF.

• En matière d'IR, les revenus financiers et plus particulièrement les plus-values tirés de la gestion d'un portefeuille de valeurs mobilières demeurées en France seront soumis à une fiscalité nulle (sauf application de l'article 167 du CGI)[1].

Les revenus fonciers – dans l'hypothèse où les immeubles situés en France sont loués – demeurent fiscalisables en France avec un taux minimum de 25 %.

• En matière d'ISF, la situation est également très favorable. Pour ce qui concerne les placements financiers, ceux-ci sont expressément exonérés. Seuls demeurent taxables à l'ISF en France les immeubles détenus par le non-résident, pour autant que le patrimoine taxable de ce dernier dépasse le seuil d'imposition.

Outre ces deux avantages patents, il importe d'ajouter que la gestion des droits de mutation à titre gratuit demeure optimisable du fait de cette qualité. Enfin, il fut jugé que les revenus indéterminés perçus par un non-résident de France sont, sous réserve de la mise en œuvre des conventions fiscales, non taxables en France (application arrêt CE du 17 mars 1993, n° 85.894).

En conclusion, la reconnaissance du statut fiscal de non-résident, sous réserve de la quantification dans le nouvel État, paraît très séduisante. La fiscalité applicable, au regard du droit français, est manifestement réduite... et peut même disparaître[2] (nous pensons à la non-fiscalisation du patrimoine financier du non-résident). Simplement, gardons en mémoire que la fiscalité a horreur du fictif. Aussi, tenter d'abuser l'Administration, avec des constructions juridiques ou fiscales hasardeuses demeure

1. Voir annexe 4.
2. Article 885.L du CGI.

sanctionnable fiscalement [1]. Ceci conduit à déconseiller tout tentative de domiciliation dans des « Paradis fiscaux », qui, au regard de la vision fiscale française, n'en sont plus.

Signalons également l'accord entériné le 3 juin 2003 à Luxembourg par l'ensemble des ministres des Finances de l'Union, accord sur l'harmonisation de la fiscalité de l'épargne. Ce texte, passé sous silence par l'ensemble de la presse française, à l'exception du *Monde* en date du 8 juin 2003, prévoit un échange d'informations sur les revenus des non-résidents.

Cet accord, entré en application le 1er juillet 2005, va entraîner à terme la disparition du secret bancaire, du moins dans l'Union, avec un régime de différé pour le Luxembourg, la Belgique et l'Autriche, et un « compromis » pour le cas de la Suisse.

Signalons enfin que dans le nouveau régime d'imposition des dividendes perçus par les particuliers, les non-résidents voient leur situation se dégrader. En effet, ils ne bénéficient plus du transfert de l'avoir fiscal supprimé pour les dividendes reçus par les particuliers à compter du 1er janvier 2005 (possibilité qui était offerte par certaines conventions), ni du nouvel abattement de 50 % (40 % pour les revenus 2006) qui était réservé aux résidents de France.

1. « Le piège du domicile fiscal ». Arrêt du 9 décembre 1992, *Les Petites Affiches* – 8 juillet 1994, n° 81.

CHAPITRE II

DES DIFFÉRENTS ATTRAITS RÉSULTANT DES DISPARITÉS FISCALES NATIONALES

Les différents attraits qui résultent des disparités fiscales nationales peuvent se résumer à quatre grandes familles : l'évasion de revenus, le transfert de patrimoine, la gestion de revenus et la gestion de certains actifs immobiliers ou mobiliers.

Les attraits des disparités fiscales nationales

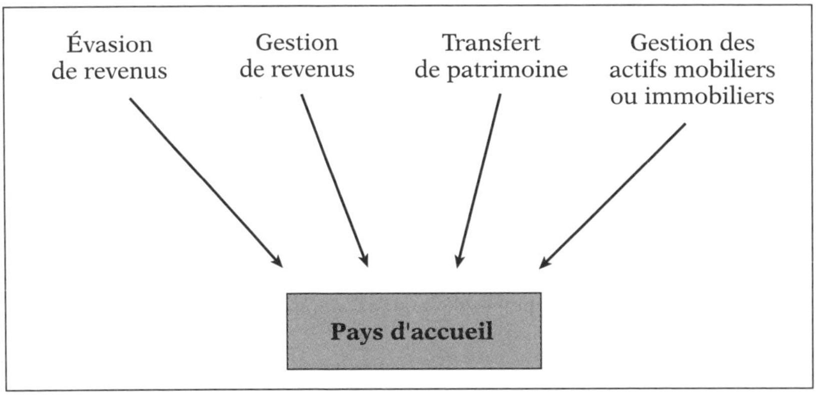

LES RÉSIDENTS ET LES NON-RÉSIDENTS			
Pays	**Impôt sur le revenu**	**Successions**	**Impôt sur la fortune**
Anguilla	néant	néant	néant
Bahamas	néant	néant	néant + secret bancaire
Bermudes	néant	0 % jusqu'à 20 000 $ 5 % entre 20 000 à 80 000 $ 10 % au-dessus de 80 000 $	néant
Bolivie	néant pour les revenus ne provenant pas de Bolivie. Sinon 13 %*	1 % si ligne directe	**néant**
Brunei Darussalam	néant*	de 1 à 20 %	néant
Jersey	20 % pour les revenus provenant de Jersey* [1]	néant	néant
Guernesey	20 % pour les revenus provenant de Guernesey* [1]	néant	néant
Îles Caïmans	néant	néant	néant + secret bancaire

(Suite du tableau : Les résidents et les non-résidents)

Pays	Impôt sur le revenu	Successions	Impôt sur la fortune
Ile de Man	néant [2]	néant	néant + secret bancaire
Sultanat d'Oman	néant	néant	néant
Iles Turks et Caïques	néant	néant	néant + facilités bancaires et confidentialités
Émirats Arabes Unis	*néant* sauf à Abu Dhabi et à Dubai pour les revenus du pétrole (55 %) et des banques étrangères (20 %)	néant	néant
Uruguay	R.A.S. 30 % sur les revenus provenant d'Uruguay. Sinon : *néant*	néant	néant
Vanuatu	néant	néant	néant

*. Concerne les non-résidents.
1. 20 % sur les revenus mondiaux pour les résidents.
2. De 12 à 18 % des revenus mondiaux après abattements pour les résidents.

Certains pays se sont spécialisés dans l'une ou l'autre de ces activités, d'autres, fort peu nombreux comme le démontre le tableau des pages 40 et 41, offrent une gamme complète qui n'est pas souvent en corrélation avec la sécurité et la stabilité du pays d'accueil.

Signalons de plus, que dans de nombreux cas, le pays d'accueil ne taxera pas les revenus, le patrimoine, ou les actifs à la condition expresse que la personne physique soit non-résidente.

1. ÉVASION DE REVENUS

Le système utilisé conduit le bénéficiaire des revenus à les orienter vers un pays refuge où il est titulaire d'un compte bancaire, plutôt que de les rapatrier en France. Compte à numéro, compte à pseudonyme ou compte ouvert au nom d'une société (panaméenne ou autre), compte ouvert au nom d'un mandataire seul connu des banquiers. Autant de possibilités offertes par les législations bancaires de certains pays aux contribuables avides de secret ou de discrétion.

Hypothèse légale

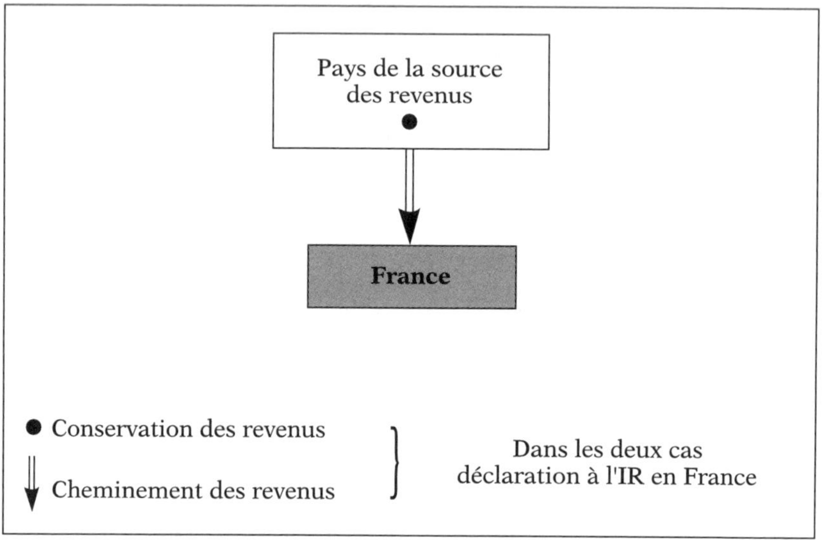

Hypothèse d'évasion ou de fraude

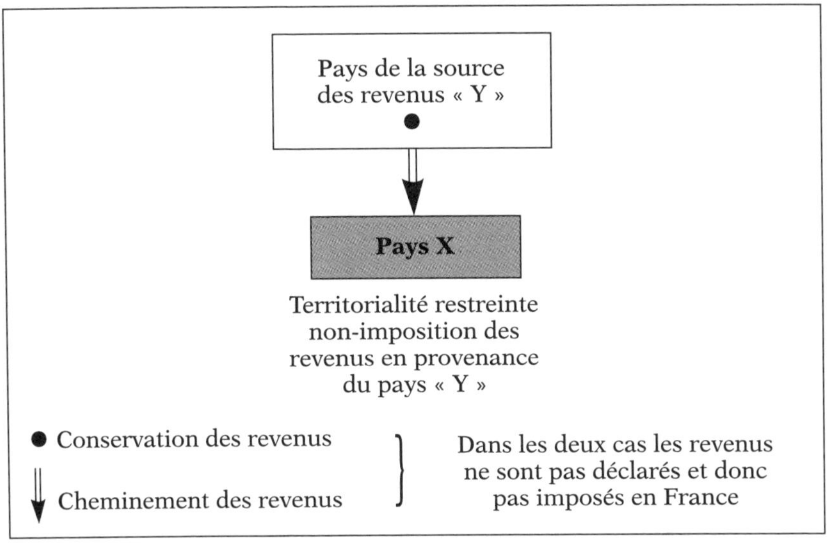

La tentation consiste soit à diriger ces revenus vers un pays refuge qui ne les impose pas (territorialité restreinte) soit à les conserver dans le pays de réalisation si celui-ci applique le principe de l'exonération des revenus perçus par des non-résidents.

1.1 PARADIS FISCAUX EN EUROPE UTILISÉS POUR L'ÉVASION DES REVENUS

1. **Andorre** est une principauté de 465 km^2, entre la Catalogne espagnole et les départements français de l'Ariège et des Pyrénées-Orientales.
2. **Campione d'Italia** est situé en Suisse, dans le canton du Tessin, au bord du lac de Lugano.
3. **Les îles anglo-normandes** (Jersey, Guernesey, Sercq) sont situées dans la Manche au nord-est des côtes françaises, dans la baie de Saint-Malo, au sud de l'Angleterre et ont une superficie d'environ 180 km^2.

Carte des paradis fiscaux en Europe
(répertoriés de 1 à 9)

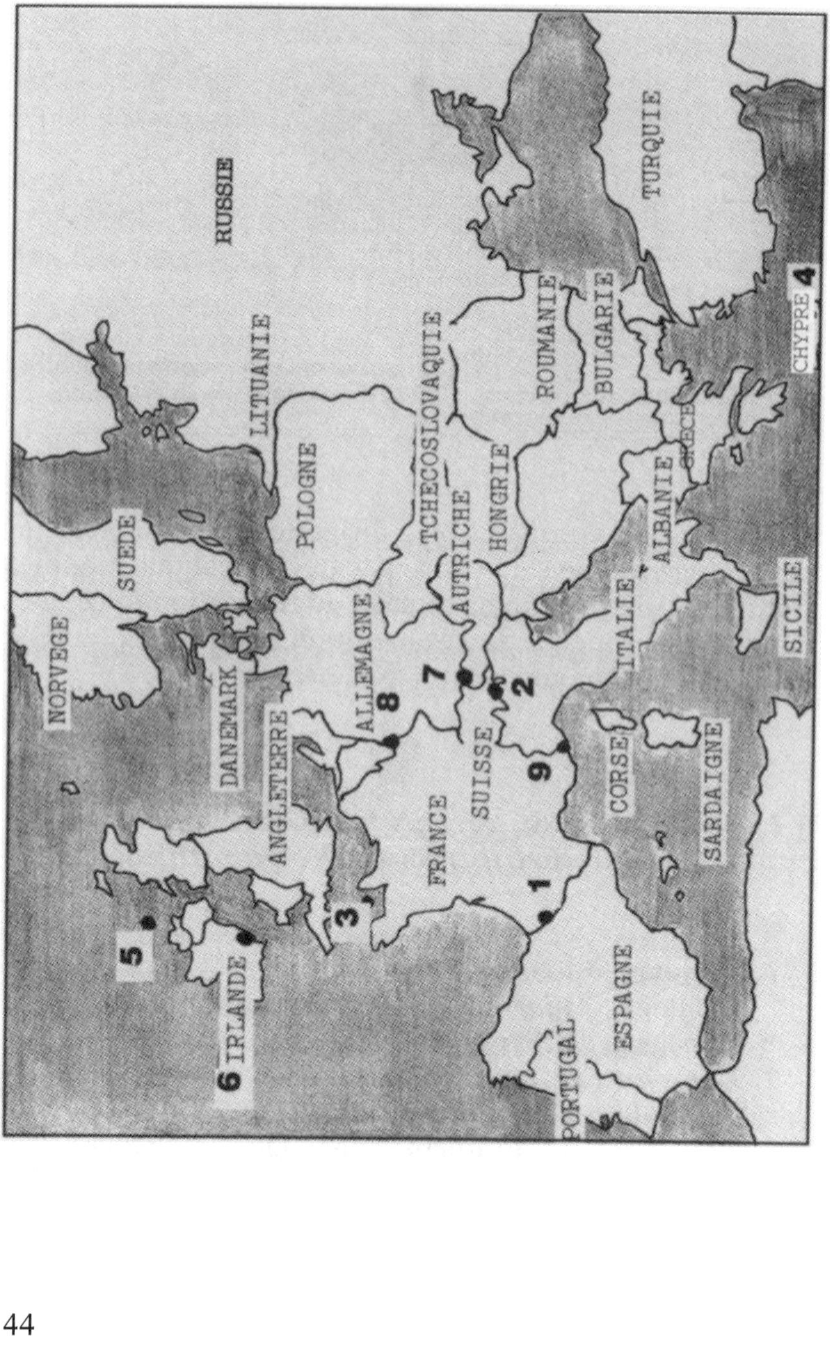

4. **L'île de Chypre** est située à l'extrême ouest du monde grec et méditerranéen. C'est l'une des plus grandes îles de la Méditerranée, elle s'étend en effet sur 9 251 km^2. Elle n'est qu'à 45 minutes d'avion de Beyrouth.
5. **L'île de Man** est une démocratie autonome de 570 km^2, située dans la mer d'Irlande.
6. **L'Irlande**, république, s'étend sur 70 280 km^2 à l'ouest de la Grande-Bretagne.
7. **Le Liechtenstein** est une principauté couvrant 160 km^2. Elle est située sur le Rhin supérieur, entre le canton suisse de Saint-Gall et le land autrichien de Voralberg.
8. **Le Luxembourg** est un État ducal de 2 590 km^2, situé entre la Belgique, la France et l'Allemagne.
9. **Monaco** est une principauté de 19 km^2, entourée sur trois côtés par le département des Alpes-Maritimes, et située à moins de 10 km de la frontière entre la France et l'Italie.

1) Andorre

Andorre est politiquement stable : deux coprinces (l'Évêque d'Urgel et le Président de la République française) se partagent les pouvoirs législatif et judiciaire par l'intermédiaire de leurs délégués permanents bien qu'une évolution rapide vers un État plus moderne soit susceptible. Le principe de Coprincipauté, institué en 1278 a fait de la France et de l'Espagne les puissances protectrices du pays. S'il existe bien un réel secret bancaire à Andorre, les nouvelles ouvertures de comptes, ne peuvent s'effectuer que si les personnes physiques titulaires de ces comptes sont présentées par un « garant » connu de la banque.

2) Campione d'Italia

Cette commune italienne d'environ 3 000 habitants juridiquement rattachée à Côme mais indépendante de Côme, est située dans le canton suisse du Tessin.

La monnaie de Campione d'Italia n'est pas l'Euro mais le franc suisse. Il n'y a pas de contrôle des changes et il n'y a pas de banques à Campione, les habitants utilisent donc les banques suisses basées à Lugano et bénéficient ainsi du secret bancaire suisse.

3) Les îles anglo-normandes

Jersey, Guernesey et Sercq constituent les *channel islands*. Jersey, 80 000 habitants, s'étend sur 115 km^2, Guernesey, 60 000 habitants, sur 65 km^2, Sercq, environ 500 habitants sur 5 km^2

Elles sont toutes les trois dépendantes de la Couronne britannique, mais ont leurs propres lois et coutumes : elles ne font en effet pas partie du Royaume-Uni. Ainsi les lois du Royaume-Uni ne s'appliquent pas aux îles, à moins qu'elles ne contiennent des dispositions expresses le prévoyant.

Le protocole signé entre l'archipel et l'UE prévoit la liberté de commerce de produits agricoles et industriels entre les îles et les pays membres de l'UE, l'application du tarif douanier commun et le système des prélèvements agricoles de l'UE. Mais la politique fiscale de l'UE n'a pas été adoptée par les îles anglo-normandes.

La monnaie est la Livre Sterling britannique, il y a neuf banques dans les trois îles mais les dépôts sont concentrés aux 3/4 à Jersey.

4) Chypre

L'île de Chypre est partagée en deux zones, une zone grecque au sud de l'île, une zone nord occupée par les Turcs depuis 1974.

La zone nord n'a rien d'un paradis, seule la zone sud qui regroupe les 3/4 des 720 000 habitants de l'île est à étudier. Le secteur sud fonctionne comme une république indépendante dans le Commonwealth britannique. Son système juridique est fondé sur la *Common Law*.

L'économie de la zone grecque est en forte croissance depuis trente ans et ce malgré l'occupation turque de 1974. La politique fiscale depuis 20 ans a attiré de nouvelles activités. Chypre avait par ailleurs signé en 1972 avec l'UE une convention d'union douanière supprimant 80 % des droits de douane. Depuis 2004, Chypre est membre de l'UE.

La monnaie de la zone grecque est l'euro. Chypre compte de nombreuses banques, chypriotes, étrangères et des *Off-shore Banking Units*, succursales ou filiales de banques étrangères ne faisant que des opérations offshore, c'est-à-dire avec des non-résidents et en devises étrangères.

Il n'y a pas à Chypre de législation concernant le secret bancaire, mais une banque n'est pas tenue de fournir aux autorités fiscales des renseignements autres que ceux nécessaires à l'examen des comptes, dépôts, prêts d'un client.

Un étranger désirant obtenir un permis d'immigration peut l'obtenir s'il justifie avoir des ressources annuelles suffisantes pour vivre à Chypre.

5) L'île de Man

Située dans la mer d'Irlande, l'île de Man occupe une surface de 570 km^2 pour une population de 73 000 habitants. Cette démocratie autonome n'est pas rattachée au Royaume britannique et ne fait bien sûr pas partie de l'Union Européenne. L'impôt sur le revenu s'applique aux personnes physiques au taux de 12 % jusqu'à 50 000 livres et 18 % au-delà. Les non-résidents ne sont imposés que sur les revenus ayant leur source à Man, encore convient-il de corriger ce principe de territorialité restreinte en soulignant que les intérêts et dividendes payés à des non-résidents par des banques de l'île, sont soumis à une retenue à la source de 18 % sur leur montant brut. Une situation politique stable, un secret bancaire efficace, font de cette île un paradis fiscal très utilisé par les Anglo-Saxons. Depuis les attentats du 11 septembre 2001, les opérations bancaires effectuées avec l'île de Man font l'objet d'une attention toute particulière de la part des autorités américaines et britanniques.

6) L'Irlande

L'Irlande est une démocratie présidentielle qui compte environ 4 000 000 d'habitants.

La situation politique est loin d'être stable en Irlande : le problème de l'Ulster, prix de l'indépendance du Royaume-Uni en 1921, reste pour l'heure délicat.

La monnaie émise par la Banque centrale d'Irlande est la Livre irlandaise. Depuis le 1er janvier 1993, le contrôle des changes irlandais est totalement supprimé. Les institutions financières irlandaises sont puissantes, et l'offre de crédits abondante. L'Irlande est devenue depuis peu un centre financier et monétaire de tout premier plan.

Pour bénéficier du régime fiscal irlandais, une personne physique doit être résident exclusif de la République d'Irlande. Pour être « résident exclusif », il faut n'être traité nulle part ailleurs comme résident. Une personne devient résident irlandais par le simple fait qu'elle a une habitation à sa disposition, ou bien qu'elle passe plus de 183 jours sur une année en Irlande.

7) Le Liechtenstein

La principauté du Liechtenstein compte environ 35 000 habitants sur 160 km^2. C'est une monarchie constitutionnelle héréditaire.

La situation économique du Liechtenstein est dans l'ensemble favorable.

Les personnes physiques qui ont élu domicile au Liechtenstein sont redevables de l'impôt sur le revenu et de l'impôt sur la fortune.

Le Liechtenstein n'a pas de monnaie qui lui soit propre : il utilise le franc suisse. Il a seulement trois banques pour lesquelles la réglementation suisse s'applique. Il existe entre la Suisse et le Liechtenstein une union douanière et monétaire depuis plus de 70 ans. Aussi, comme en Suisse, les comptes numérotés et à pseudonyme sont utilisés. Néanmoins, les trois banques n'ont pas signé la convention d'obligation de diligence et la loi suisse sur l'entraide internationale en matière pénale ne s'applique pas officiellement au Liechtenstein. La principauté n'a pas de contrôle de changes. Les opérations bancaires en provenance ou à destination de cette principauté font l'objet d'un examen particulier des services de renseignements des grandes puissances.

8) *Le Luxembourg*

Le grand duché de Luxembourg est une monarchie constitutionnelle héréditaire qui compte 440 000 habitants sur 2 600 km^2. Le système juridique est fondé sur le Code civil français de 1804.

Le secteur bancaire est très développé : il y a environ 190 banques dont seules une dizaine sont luxembourgeoises. Le secret bancaire est appliqué, de nombreux comptes bancaires sont des comptes numériques à pseudonymes, seul le commissaire des banques doit connaître le nom des déposants. Si une autorité fiscale étrangère souhaite examiner un compte elle doit obtenir une autorisation du Tribunal. Cette autorisation n'est accordée que si le déposant est accusé d'un crime ou d'un délit considéré comme tel à la fois dans le pays d'origine du demandeur et au Luxembourg, et si le compte est en relation directe avec le crime ou le délit en cause.

Aucun contrôle ne s'applique aux non-résidents. Ces derniers peuvent en effet disposer de comptes dans toutes les devises sans limitation, ils ont également la possibilité d'exporter librement les intérêts qu'ils reçoivent et qui ne sont soumis à aucune retenue à la source [1]. Le Luxembourg étant membre de l'UE, les citoyens européens peuvent résider au Luxembourg sans aucun permis.

9) *Monaco*

Monaco est une monarchie constitutionnelle où vivent environ 32 000 habitants dont plus d'un tiers sont des Français et 3 000 des Monégasques, où le pouvoir exécutif est assuré par le Prince, assisté par le conseil du gouvernement. Le système judiciaire est calqué sur le système français.

---

1. Sous réserve de l'application de l'accord du 3 juin 2003.

Monaco compte environ 35 banques mais le secret bancaire y est très relatif tout du moins pour les citoyens français.

La nationalité monégasque est extrêmement difficile à obtenir (surtout pour les Français) : l'autorisation de résidence n'est accordée tout comme en Suisse, que si le postulant démontre que sa situation financière ne risque pas de le mettre à la charge de la Principauté.

En tant que national français, Monaco ne propose aucune amélioration fiscale, dans la mesure où depuis plusieurs décennies le champ d'application territoriale de l'impôt sur le revenu français englobe la principauté monégasque.

1.2 LA SUISSE N'EST PLUS UN PARADIS

Il est coutume de voir figurer la Suisse dans la liste des paradis fiscaux spécialisés dans l'évasion et la gestion de revenus. Le lecteur pourrait s'étonner de ne pas la trouver dans cet ouvrage. La raison en est fort simple : les modifications apportées à la Convention de Diligence des Banques Suisses en date du 01.07.1992 puis du 01.10.1992, nous laissent à penser que notre voisin helvétique prépare bon gré mal gré, son entrée dans l'union européenne.

Première étape : suppression des formulaires B1 et B2 (fiduciaires et avocats), indication obligatoire de l'ayant-droit dans un formulaire spécial (A). En langage clair, les fiduciaires et avocats ne peuvent plus ouvrir, comme par le passé, des comptes bancaires pour leurs clients, sans révéler leur identité.

Deuxième étape : modifications importantes de la Convention de Diligence des Banques Suisses de 1987, la CDB de 1992 apporte en effet de profondes modifications par rapport au texte de 1987.

Sous la pression des grands états, principalement des États-Unis, il n'est pas interdit de penser que le Luxembourg soit également obligé de revoir un jour sa législation bancaire en matière de comptes à pseudonymes. Cette vision messianique risque, si elle se réalise, de jeter un vent de panique chez tous les titulaires de ce type de comptes, les autres points de chute étant plus éloignés, plus surveillés et plus chers au plan des frais de fonctionnement.

2. TRANSFERT DE PATRIMOINE

2.1 TERRITORIALITÉ DES DROITS DE MUTATION A TITRE GRATUIT (SUCCESSION ET DONATION)

L'une des préoccupations du contribuable avisé est la transmission de ses avoirs à ses héritiers. La fiscalité française n'est pas en la matière des plus douces mais elle n'est pas non plus la pire, comme le montre l'étude comparative des droits au niveau de l'union européenne, qui fait suite.

Qu'il utilise la technique de la donation ostensible ou qu'il règle par voie testamentaire sa succession, les droits à payer seront importants, même si la donation partage entraîne une diminution de 50 % des droits lorsque le donateur est âgé de moins de 65 ans et de 30 % lorsque le donateur a 65 ans révolus et moins de 75 ans [1].

La tentation est donc forte soit de chercher à délocaliser pour exonérer une partie des actifs soit de procéder à des donations inavouées.

Sauf application des conventions fiscales signées par la France en matière de droits de mutation à titre gratuit, qui ont pour effet de priver la France du droit d'imposer les biens légués ou donnés par un défunt ou un donateur non-résident à une bénéficiaire résident de France, s'ils sont situés hors de France, ou s'ils sont non imposables en application de la convention, sont soumis en France aux droits de mutation à titre gratuit, les biens meublés et immeubles

---

1. Quel que soit l'âge du donateur, le taux de réduction est fixé à 50 % pour les donations en pleine propriété effectuées entre le 25 septembre 2003 et le 31 décembre 2005.

situés en France ou hors de France, lorsque le donateur ou le défunt a son domicile fiscal en France.

Cette disposition ne s'applique toutefois que dans la mesure où l'héritier, le donataire ou le légataire a eu son domicile fiscal en France pendant au moins six ans au cours des dix dernières années précédant celle au cours de laquelle il reçoit les biens de la donation ou de la succession.

Le plus souvent le contribuable ira au plus simple : le don manuel non révélé, la donation déguisée, lui sembleront les meilleurs moyens de réduire les droits à payer.

Le don manuel : un seul et unique don et l'obligation édictée par l'article 784 du CGI ne s'applique pas. En effet, l'obligation de déclarer un don manuel à l'administration fiscale, telle qu'elle résulte des termes de l'article précité, ne s'applique que dans deux cas, le bénéficiaire du don reçoit de l'auteur du don manuel une donation constatée par un acte, le bénéficiaire vient à la succession de l'auteur du don.

La donation déguisée : la donation déguisée est une donation dissimulée sous un acte juridique en apparence sincère et à titre onéreux.

Le cas le plus fréquent est celui où la donation va prendre l'apparence d'une vente dont le prix ne sera jamais payé, elle pourra également s'appuyer sur un paiement moyennant une rente viagère (qui ne sera jamais payée) ou de fausses reconnaissances de dettes qui viendront en compensation du prix à payer. (Cf. page 115 un grand classique de l'abus de droit, « la donation déguisée en vente ».)

2.2 LA DÉLOCALISATION DES ACTIFS SUCCESSORAUX

Il s'agit pour le contribuable de délocaliser après une étude approfondie, certains actifs vers l'étranger ou également de reconvertir certains actifs par exemple vendre de la pierre et acheter des actions, vendre une entreprise et acheter des bois ou forêts, des œuvres d'art. Cette reconversion s'effectue toujours dans des pays où les droits à payer sont faibles voir nuls, ou dans des pays exonérant certaines catégories de biens.

2.3 L'EXEMPLE DE MONACO

Sans devenir citoyen monégasque, ce qui relève aujourd'hui de l'exploit, le contribuable français, résident de France a la possibilité d'utiliser à son profit la convention franco-monégasque de 1950.

Les biens immobiliers [1] situés à Monaco sont soumis au décès de leurs propriétaires, aux seuls droits de succession monégasques. Droits particulièrement raisonnables : 0 % en ligne directe et entre époux, 8 % entre frères et sœurs, 10 % entre oncles et neveux, 13 % entre collatéraux, 16 % entre non-parents.

On note cependant que les donations sont exclues de la convention. Le même régime s'applique aux biens meubles corporels (par exemple les billets de banque détenus dans un coffre d'une banque de la principauté). Aucune condition de résidence du défunt à Monaco n'est exigée.

Pour les valeurs mobilières (actions, obligations, créances), ces biens échappent aux droits de succession français et sont soumis aux droits de succession monégasques à la condition expresse que le défunt réside à Monaco au moment de son décès, de façon habituelle, depuis au moins 5 ans. Une condition particulièrement vérifiée par le fisc français.

2.4 LES DROITS DE SUCCESSION EN EUROPE

2.4.1 GÉNÉRALITÉS

L'ensemble des pays de l'Union Européenne taxe les successions en appliquant à l'actif net successoral un

---

1. Ces biens immobiliers restent bien entendu dans l'assiette de l'ISF tout au long de la vie du propriétaire et des héritiers.

barème progressif. Presque tous appliquent des barèmes différents selon le degré de parenté entre défunt et héritier. En effet, l'Italie est le seul pays européen à ne pas appliquer les droits de succession depuis leur suppression sous l'impulsion de Berlusconi en 2001.

A l'exception du Luxembourg où les droits sont très faibles, les autres États taxent lourdement les successions, la technique des abattements permettant cependant de moduler cette taxation, les petites successions en ligne directe étant souvent exonérées.

On notera également que beaucoup de pays de l'Union Européenne, sous réserve des conventions fiscales, retiennent le principe de l'imposition du patrimoine mondial si le défunt était résident. Si le défunt était non-résident, l'imposition est limitée aux seuls biens situés sur le territoire national.

2.4.2 CAS PARTICULIERS

– La Grèce impose les biens meubles situés hors de Grèce lorsque le défunt avait la nationalité grecque.

– Le Luxembourg impose le patrimoine mondial à l'exception des immeubles situés à l'étranger.

– Les Pays-Bas appliquent le droit de suite, à savoir, qu'un ressortissant néerlandais demeure résident pendant 10 ans pour l'application des droits de succession.

– Le Portugal taxe les seuls biens situés au Portugal, quelque soit la résidence du défunt.

2.4.3 IMPOSITION DES SUCCESSIONS DANS LES PAYS DE L'UNION EUROPÉENNE

• ***L'Allemagne***

Les droits de succession sont exigibles sur tous les transferts de biens provenant d'un décès dès lors que le défunt ou le bénéficiaire est résident allemand sans prendre en considération le lieu où se trouvent les biens (mondialisation).

Barème

	CATÉGORIE N° 1	CATÉGORIE N° 2	CATÉGORIE N° 3
• jusqu'à 52 000 €	7	12	17
• entre 52 001 et 256 000 €	11	17	23
• entre 256 001 et 512 000 €	15	22	29
• entre 512 001 et 5 113 000 €	19	27	35
• entre 5 113 001 et 12 783 000 €	23	32	41
• entre 12 783 001 et 25 565 000 €	27	37	47
• au-delà de 25 565 000 €	30	40	50

N° 1 : Conjoint, enfants et petits-enfants, ainsi qu'ascendants directs (parents et grands-parents).
N° 2 : Frères et sœurs, neveux et nièces, parents par alliance (beau-fils, belle-fille, beaux-parents, conjoint divorcé).
N° 3 : Toutes autres personnes.

Abattements

PARENTÉ	ABATTEMENTS
N° 1 : le conjoint	307 000 € + 256 000 € (diminué de la valeur capitalisée du droit à pension non imposable attribué au conjoint)
– enfants, enfants adoptifs et petits-enfants si l'enfant est décédé	205 000 € + de 10 300 € à 52 000 € par enfant (selon son âge jusqu'à 27 ans)
N° 2 : petits-enfants si l'enfant est en vie, parents et grands-parents	51 200 €
N° 3 : frère, sœur, neveu, nièce (et leurs enfants légitimes et parents légitimes), parents séparés et beaux-parents	10 300 €
N° 4 : autres ayants droit	5 200 €

• ***La Belgique***

Les règles applicables en matière de droits de succession sont différentes selon la région où réside le défunt (Bruxelles la capitale, Flamande et Wallonne).

La région francophone belge, la Wallonie, est celle qui attire, naturellement, la majorité des expatriés français résidents belges… Aussi, nous présentons prioritairement, ci-dessous, les règles de succession s'appliquant à cette région.

Barème en Wallonie

TRANCHE TAXABLE APRÈS ABATTEMENT	LIGNE DIRECTE OU ENTRE ÉPOUX
De 0 à 12 500 €	3 %
De 12 500 à 25 000 €	4 %
De 25 000 € à 50 000 €	5 %
De 50 000 € à 100 000 €	7 %
De 100 000 € à 150 000 €	10 %
De 150 000 € à 200 000 €	14 %
De 200 000 € à 250 000 €	18 %
De 250 000 € à 500 000 €	24 %
Au-delà de 500 000 €	30 %

L'exonération est majorée, pour les enfants de moins de 21 ans, d'un montant de 2 500 € par année jusqu'à la vingt et unième.

TRANCHE TAXABLE APRÈS ABATTEMENT	FRÈRES ET SŒURS	ENTRE ONCLES, TANTES, NEVEUX ET NIÈCES	TOUTES AUTRES PERSONNES
De 0 à 12 500 €	20 %	25 %	30 %
De 12 500 à 25 000 €	25 %	30 %	35 %
De 25 000 € à 75 000 €	35 %	40 %	60 %
De 75 000 € à 175 000 €	50 %	55 %	80 %
Au-delà de 175 000 €	65 %	70 %	90 %

• *La France*

Certaines modifications ont été apportées sur les droits de succession par la Loi de Finances 2005, notamment avec la création d'un abattement global et par la réévaluation des abattements en ligne directe et entre frères et sœurs.

PARENTÉ ET DROITS APRÈS ABATTEMENT		ABATTEMENT
En ligne directe • jusqu'à 7 600 € • de 7 600 € à 11 400 € • de 11 400 € à 15 000 € • de 15 000 € à 520 000 € • de 520 000 € à 850 000 € • de 850 000 € à 1 700 000 € • au-delà de 1 700 000 €	 5 % 10 % 15 % 20 % 30 % 35 % 40 %	50 000 € sur chaque part
Entre époux • jusqu'à 7 600 € • de 7 600 € à 15 000 € • de 15 000 € à 30 000 € • de 30 000 € à 520 000 € • de 520 000 € à 820 000 € • de 820 000 € à 1 700 000 € • au-delà de 1 700 000 €	 5 % 10 % 15 % 20 % 30 % 35 % 40 %	76 000 €
Entre frères et sœurs • jusqu'à 23 000 € • au-delà de 23 000 €	 35 % 45 %	Abattement spécifique de 57 000 € sous 3 conditions* Sinon : 1 500 € pour les successions uniquement
Entre partenaires d'un Pacs • jusqu'à 15 000 € • au-delà de 15 000 €	 40 % 45 %	57 000 €
Collatéraux jusqu'au 4e degré	55 %	1 500 € pour les successions
Au-delà du 4e degré et non-parents	60 %	
Abattement global**		50 000 €

* : 1) Héritier-donataire célibataire, veuf ou divorcé.
2) Agé de plus de 50 ans ou atteint d'une infirmité l'empêchant de subvenir à ses besoins.
3) Domicilié avec le défunt pendant les 5 ans ayant précédé son décès.
** : Depuis le 1er janvier 2005, l'abattement global bénéficie exclusivement aux successions recueillies :
– soit par les enfants vivants ou représentés, ou par les ascendants du défunt et, le cas échéant, par le conjoint survivant,
– soit exclusivement par le conjoint survivant.
L'abattement s'impute sur la part nette recueillie par chaque héritier (actif net successoral) et après application des abattements respectifs (76 000 € entre conjoints et 50 000 € en ligne directe).

• ***La Grèce***

Particularité grecque : les abattements sont inclus dans les barèmes.

Barème

PARENTÉ	TAUX
Conjoints, enfants et parents du défunt.	**5 %** à partir de 20 000 € **10 %** de 40 000 € à 160 000 € **20 %** au delà de 160 000 €
Petits-enfants, grands-parents, frères, sœurs, beaux-frères, belles-sœurs, neveux, nièces.	**10 %** de 15 000 € à 45 000 € **20 %** de 45 000 € à 160 000 € **30 %** au delà de 160 000 €
Beaux-parents, enfants d'un précédent mariage.	**20 %** de 5 000 € à 55 000 € **30 %** de 55 000 € à 160 000 € **40 %** au delà de 160 000 €

Réduction d'impôt : succession au profit d'un enfant mineur. Réduction d'impôt de 60 % pour une part n'excédant pas 35 000 €. Entre 35 000 € et 138 000 € de part transmise, réduction d'impôt de 30 %.

• ***L'Irlande***

Il n'existe plus d'impôt sur les successions entre époux depuis le 30 Janvier 1985. Le conjoint est entièrement exonéré.

SUCCESSIONS DU DÉFUNT	ABATTEMENT
Père, mère, enfants, beaux-enfants ou descendant mineur d'un enfant décédé du disposant.	441 198 €
Autres ascendants ou descendants, frère ou sœur, enfant d'un frère ou d'une sœur du disposant.	44 120 €
Aucun lien de parenté.	22 060 €

L'actif successoral est, après abattements (voir ci-dessus), soumis aux droits de succession au taux proportionnel de 20 %.

• ***L'Italie***

Les droits de succession ont été supprimés depuis le 25 octobre 2001.

Il ne subsiste que l'impôt *Ipoteceria e castale* de 3 % (2 % + 1 %) sur la valeur des biens immobiliers dévolus par succession.

• ***Le Luxembourg***

- Successions exonérées en ligne directe et entre époux s'il existe des enfants nés de leur union, sauf si le défunt était un non-résident.
- Le conjoint sans enfant bénéficie d'un abattement de 38 000 €.
- Succession inférieure à 1 250 € : exonération sauf s'il s'agit de biens appartenant à des non-résidents.

Taux applicables à l'ensemble de la somme transmise, ne dépassant pas 10 000 € :

DEGRÉ DE PARENTÉ	AYANTS-DROIT RÉSIDENTS	AYANTS-DROIT NON RÉSIDENTS
1. Succession en ligne directe :		
• si absence de testament	2 %	2 %
• si présence de testament		
– quotité disponible	2,5 %	2,5 %
– excédent	5 %	5 %
2. Succession entre époux :		
– avec descendance	0 %	5 %
– sans descendance	5 % [1]	5 %
3. Succession entre frères et sœurs	6 %	6 %
4. Successions entre oncles, tantes et neveux et nièces	10 %	10 %
5. Succession entre parents adoptifs et enfant adopté	10 %	10 %
6. Succession entre beau-père ou belle-mère et gendre ou bru	15 %	15 %
7. Succession entre personnes sans lien de parenté	15 %	15 %

1. Après un abattement de 38 000 €.

- Majoration des droits, si la part nette excède 10 000 € par application d'un pourcentage allant de 10 % (de 10 000 à 20 000 €) à 22 % (au-delà de 1 750 000 €).

- Les donations faites pendant l'année précédant le décès sont considérées comme faisant partie de la **succession si aucun impôt n'a été acquitté**.

La niche du non-résident : 2 % en ligne directe
5 % entre époux

Le barème de majoration s'applique aussi aux non-résidents.

- ***Les Pays-Bas***

En cas de décès d'une personne habitant en dernier lieu aux Pays-Bas, le patrimoine mondial après abattement (voir ci-dessous), est soumis au droit de succession aux taux de :

PARENTÉ	TAUX MINIMUM Jusqu'à 42 735 florins	TAUX MAXIMUM Au-delà de 1 709 006 florins
Époux, enfants, concubins Parents, frères, sœurs Pas de liens de parenté	5 % 26 % 41 %	27 % 53 % 68 %

Abattements

SUCCESSION DU DÉFUNT A :	ABATTEMENTS
• Époux ou concubin ayant habité au moins 5 ans	F. 598 149
• Enfants – Agés de moins de 23 ans – Agés de plus de 23 ans	 F. 8 545 pour chaque année les séparant de leurs 23 ans (minimum F. 17 090) F. 17 090 (revenu maximum F. 51 270)
• Enfants invalides – Agés de moins de 23 ans – Agés de plus de 23 ans	 F. 8 545 pour chaque année les séparant de leurs 23 ans (minimum F. 25 635) F. 17 090
• Frères, sœurs	F. 17 090
• Ascendants directs (parents)	F. 85 449
• Établissements ecclésiastiques de charité, scientifiques ou culturels	F. 17 090 (pas d'abattement au-dessus de cette somme. Taux spécial de 11 %)
• Autres cas	De F. 1 708 à F. 17 090

- ***Le Royaume-Uni***

Au Royaume-Uni, l'imposition de l'ensemble de l'actif net s'effectue à un taux unique, 40 % au-delà de 255 000 £ (Mondialisation si le défunt était résident).

Les donations antérieures effectuées dans les 7 ans précédant le décès sont imposables. Mais si elles ont eu lieu plus de 3 ans mais moins de 7 ans avant le décès, le taux d'imposition est réduit : taux dégressifs de 32 % à 8 % au lieu du taux de 40 %.

Abattements

Général sur l'ensemble de l'actif net *(NB : si conjoint bénéficiaire non-résident, abattement réduit à 55 000 £)*	255 000 £
Sur actifs agricoles bâtis ou non bâtis (si le défunt l'a exploité pendant les 2 ans précédant son décès ou en avait la propriété juridique les 7 dernières années).	100 % ou 50 % (pour les propriétés données en location)
En cas de « participation de contrôle » d'une société agricole.	100 %
Entreprise individuelle, participation > 50 % d'une société cotée, participation > 25 % dans une société non cotée.	100 %
Participation égale ou < 25 % dans une société non cotée.	50 %

2.5 L'IMPÔT SUR LA FORTUNE EN EUROPE

Parmi les 9 pays européens présentés dans la section précédente, seuls la France, la Grèce et le Luxembourg pratiquent l'imposition sur la fortune. L'Espagne impose également la fortune des personnes physiques.

En France, le montant de l'impôt est calculé en appliquant à la valeur nette du patrimoine taxable supérieure à 732 000 € – 1re tranche du barème ISF en 2005, car celui-ci sera ensuite réévalué chaque année dans les mêmes proportions que le barème de l'impôt sur le revenu – un barème qui est progressif variant entre 0,55 % et 1,80 %. De plus, le total de l'impôt sur le revenu additionné à l'impôt sur la fortune ne peuvent dépasser 85 % des revenus nets imposables à l'IR au titre de l'année précédente (méthode du plafonnement).

En Grèce, seuls les biens immobiliers et les droits immobiliers relatifs à ces biens subissent l'impôt sur la fortune, qui est calculé en appliquant à la valeur nette du patrimoine taxable (si ce montant est supérieur à 243 600 €), un barème progressif variant entre 0, 3 % et 0,8 %.

Au Luxembourg, un taux unique de 0,5 % est appliqué sur les biens taxables après déduction des dettes et abattements divers.

2.6 LE SECRET BANCAIRE EN EUROPE

« Le secret bancaire est garanti ». Cette phrase est depuis peu inscrite dans la Constitution Suisse alors qu'on estime, en 2004, à 20 milliards d'euros le montant des capitaux d'origine française déposés dans les banques helvétiques. 20 milliards d'euros qui échappent totalement à la fiscalité française.

Cette problématique a poussé l'Union européenne à chercher une harmonisation fiscale entre ses membres. Un accord a été finalement trouvé en juin 2003 et sa mise en application est effective depuis le 1er juillet 2005. Douze des quinze pays de l'actuelle Union européenne ont accepté que la taxation des revenus de l'épargne des non-résidents (hors dividendes et plus-values sur actions) se fasse dans le pays de résidence ce qui implique l'échange d'informations entre administrations fiscales sur l'identité des épargnants et donc la levée du secret bancaire.

Trois pays ont refusé de signer cet accord afin de préserver le fameux secret bancaire à l'instar de la Suisse : l'Autriche, la Belgique et le Luxembourg. En contrepartie, une taxation des revenus de l'épargne, sous forme d'un prélèvement à la source, sera opérée. Cette retenue sera de 15 % à partir de 2005, puis de 20 % à partir de 2008 pour atteindre 35 % en 2011. Les trois quart de cette retenue à la source seront ensuite reversés à l'administration fiscale du pays de résidence de l'épargnant.

3. GESTION DE REVENUS

Il existe à travers le monde des pays qui se sont spécialisés dans la gestion de revenus, ils offrent en général outre un secret bancaire quasi absolu, une rentabilité assez satisfaisante en rémunérant les comptes de dépôt à 3 mois, 6 mois, un an.

A la liste des neuf pays figurant pages 43 et s. viennent s'ajouter des pays proches ou lointains spécialisés dans ce type d'activité.

« Le cimetière des éléphants » indique aux lecteurs les paradis défunts (p. 71).

3.1 PARADIS FISCAUX SPÉCIALISÉS DANS LA GESTION DE REVENUS

1. **Anguilla**, île des Caraïbes placée sous la dépendance de la Couronne Britannique.
2. **Les Bahamas** sont un archipel d'environ sept cents îles au sud-est de la Floride.
3. **L'île de Curaçao**, une des cinq îles des Antilles néerlandaises avec Aruba, Saint-Martin, Sainte-Eustache et Saba.
4. **Les îles Caïmans** situées entre la Floride et la Jamaïque, les îles Cayman forment un archipel de trois îles, Grand Cayman, Cayman Brac et Little Cayman.
5. **Les îles Turks et Caïques** ou Caicos situées dans l'océan atlantique, au sud-est des Bahamas, au nord de la République Dominicaine et d'Haïti.
6. **Gibraltar**, au carrefour de l'océan Atlantique et de la Méditerranée.

1) Anguilla

L'île d'Anguilla mérite à juste titre le qualificatif de paradis fiscal pour les personnes physiques, en effet qu'elles soient résidentes ou non, elles ne sont soumises à aucun impôt sur le revenu, sur la fortune et sur les successions ou donations. On signalera seulement l'existence d'une taxe de 3 %, perçue à l'encontre des non-résidents, à raison des biens immobiliers situés sur l'île.

2) Les Bahamas

Absence d'impôt sur le revenu, sur les plus-values et sur le capital. Accord signé avec les USA pour lutter contre le blanchiment de l'argent de la drogue et le crime organisé.

3) L'île de Curaçao

Si le régime fiscal des résidents n'est pas attractif (impôt sur le revenu dont le taux varie de 8 % à 60 %), les non-résidents ne sont passibles d'aucun impôt à l'exception des revenus provenant de l'île et des activités commerciales exercées localement. Signalons également l'existence d'un régime incitatif pour les retraités, qui peuvent bénéficier d'une imposition à un taux uniforme de 5 % de leurs revenus.

4) Les îles Caïmans

Absence d'impôts directs, sur les revenus, sur le capital et sur les plus-values. Accord signé avec les USA pour lutter contre le blanchiment de l'argent de la drogue et le crime organisé.

5) Les îles Turks et Caicos

Le système fiscal, ou plus exactement, l'absence de système fiscal, a fait de ces îles des territoires très favorables à l'accueil des personnes physiques. Absence d'impôt sur le revenu, d'impôt sur le capital ou sur les plus-values, pas de droit sur les donations ou les successions, pas de retenue à la source sur les dividendes, intérêts, arrérages et redevances. Les recettes fiscales proviennent donc en presque totalité des droits de douane à l'importation. Une fiscalité très proche de certains pays en voie de développement font de ces îles un refuge très apprécié des personnes physiques.

6) Gibraltar

Située au carrefour de l'océan Atlantique et de la Méditerranée, Gibraltar se trouve à 15 minutes en avion de Tanger. Colonie de la couronne britannique, elle possède une législation basée sur la Common Law anglaise mais avec certaines lois locales comme la loi bancaire votée en 1982. Cette loi permet à partir du 1er janvier 1983, l'établissement de banques offshore, et a attiré près de vingt-cinq banques. Gibraltar n'ayant pas de banque centrale, ces banques sont placées sous l'autorité d'un commissaire aux banques. La loi prévoit quatre types de banques suivant l'étendue des opérations qu'elles sont autorisées à pratiquer.

Il existe également une loi, pour les sociétés, adoptée en mars 1983 : la « Companies ordinance » par laquelle Gibraltar exonère de l'impôt sur le revenu pendant une durée d'au moins 25 ans, les bénéfices ne provenant pas du commerce local et de droits de succession, les actifs détenus – au travers d'une société exempte – par les personnes qui ne sont ni citoyennes, ni domiciliées ou résidentes du Gibraltar.

3.2 LE CIMETIÈRE DES ÉLÉPHANTS

1) Bahrein

Bahrein a autorisé dès 1975 la création d'*offshore banking units*. Située dans le Golfe Persique, Bahrein après avoir rapidement épuisé ses réserves de pétrole, s'est reconvertie en place offshore et est devenue l'un des principaux centres bancaires du Golfe Persique. Cela est dû à la souplesse du régime de ses O.B.U. (*offshore banking unit*) et à la possibilité accordée aux banques internationales d'ouvrir un bureau de représentation jusqu'à ce que leurs activités puissent justifier le coût de la création d'une O.B.U.

L'invasion du Koweit par l'Irak et la guerre du Golfe, ont engendré la fermeture des banques et bureaux de représentation d'institutions financières internationales ainsi que le retrait de capitaux pour des paradis fiscaux tels que la Suisse, le Luxembourg ou Chypre.

Bahrein a ainsi perdu plus de la moitié de ses dépôts. Aujourd'hui, on peut constater que Bahrein n'a pas réussi, comme elle en avait l'ambition, à remplacer Beyrouth comme centre financier du Moyen-Orient. Hormis les incertitudes politiques dues à l'instabilité de la région, certaines réglementations limitatives peuvent expliquer cet échec :

- Les difficultés que rencontrent les investisseurs étrangers pour obtenir les autorisations nécessaires.
- L'interdiction pour les étrangers, en dehors des Kowétiens et Saoudiens, d'acquérir terrains et immeubles.
- On n'y retrouve pas le climat de libéralisme qui était l'un des attraits du Liban.
- L'environnement, le coût de la vie élevé, la rareté de certaines commodités (comme l'enseignement pour les enfants), les difficultés de séjour dont l'insuffisance d'offres de chambres dans la douzaine d'hôtels existants.

Enfin, Bahrein n'a aucun traité de double imposition avec des pays tiers.

2) Panama

Proche des États-Unis, Panama bénéficie d'une image déplorable : absence totale de convention destinée à éliminer les doubles impositions, plaque tournante des trafiquants en tout genre. Un tableau fort sombre qui doit inciter à la plus grande prudence. Seule l'immatriculation des navires marchands qui fait de Panama le numéro deux mondial en terme de tonnage, explique que l'image d'Épinal de ce « paradis » demeure présente à l'esprit de nombreux connaisseurs.

3) L'île de Malte

Depuis l'entrée de Malte dans l'UE le 1er mai 2004, les autorités maltaises ont décidé de supprimer les avantages liés aux sociétés offshore. Toutes les garanties offertes aux sociétés offshore sont supprimées pour les sociétés nouvelles à partir de septembre 2004.

4. GESTION DES ACTIFS MOBILIERS ET IMMOBILIERS

4.1 GESTION DES ACTIFS MOBILIERS

Il s'agit principalement des placements boursiers et plus particulièrement des actions et obligations. La gestion des biens mobiliers (bateaux de plaisance et yachts), ne sera pas abordée dans cette étude.

4.1.1 LES ACTIONS

- ***Imposition des revenus en France des résidents***

Les dividendes d'actions sont soumis à l'impôt sur le revenu après déduction d'un abattement annuel (commun avec les intérêts des obligations) de 1 220 € pour un célibataire, 2 440 € pour un couple marié. Cet abattement profite à tous les contribuables domiciliés en France.

S'agissant d'actions françaises de sociétés cotées soumises à l'impôt sur les sociétés, le revenu de ces actions est composé de deux parties, le dividende et l'avoir fiscal (voir lexique) ; le bénéficiaire (personne physique) additionne les deux éléments et déclare le « revenu brut » dans la catégorie RCM (revenus des capitaux mobiliers). Ce revenu vient donc s'ajouter à ses autres revenus (salaires, revenus fonciers, etc.) pour former le revenu global imposable, soumis au barème progressif.

A partir du 1er janvier 2005 – application effective sur les déclarations souscrites en 2006 –, l'avoir fiscal, jusqu'alors véritable créance sur l'État, sera purement et simplement supprimé pour laisser la place à un nouveau mécanisme : un abattement de 50 % des dividendes reçus assorti d'un crédit d'impôt plafonné à 115 € pour une personne seule (et 230 € pour un couple marié).

Exemple : 1 500 € de dividendes (avant abattement de 750 €) donnent droit à un crédit d'impôt plafonné à 115 € pour une personne seule. Si le montant dépasse l'impôt dû, la différence est reversée au contribuable. S'agissant d'actions étrangères, les dividendes sont soumis à l'impôt sur le revenu en France sans toutefois pouvoir bénéficier de l'abattement. On signalera cependant l'existence de conventions fiscales internationales entre la France et un certain nombre de pays étrangers, qui permettent de récupérer tout ou partie de l'impôt perçu dans le pays d'origine du dividende sous la forme d'un crédit d'impôt.

• ***Imposition des plus-values de cession des résidents***

En règle générale, les plus-values de cessions à titre onéreux de valeurs mobilières sont imposées en vertu des articles 92 B du CGI pour les valeurs mobilières cotées. Beaucoup plus rarement, elles peuvent se trouver imposées en vertu de l'article 160 du même code, lorsque la participation du cédant et de sa famille est supérieure à 25 %. Nous laisserons de côté cette hypothèse pour retenir celle, beaucoup plus courante, de l'article 92 B.

Les plus-values sont imposées au taux de 26,3 % (16 % + 10,3 % de prélèvements sociaux) si le montant annuel des cessions réalisées au cours d'une même année excède un seuil fixé par le législateur (seuil de 15 000 € appliqué depuis le 1er janvier 2003).

4.1.2 LES OBLIGATIONS

Les produits des obligations émises à compter du 1er janvier 1987 ne font pas l'objet d'une retenue à la source et n'ouvrent donc droit à aucun crédit d'impôt.

Les produits des obligations françaises peuvent, sur option du contribuable, bénéficier du régime de prélèvement libératoire à 26,3 % (16 % + 10,3 % de prélèvements sociaux).

Si le contribuable choisit le droit commun, les produits des obligations françaises s'ajoutent aux autres revenus du contribuable pour être taxés selon le barème progressif.

Les revenus des obligations étrangères ne peuvent (sauf convention) bénéficier du régime de prélèvement libératoire et sont donc à soumettre au régime de droit commun.

4.1.3 LA NICHE DES NON-RÉSIDENTS

- ***Plus-values sur cessions d'actions des sociétés cotées passibles de l'IS***

Le législateur a sans doute voulu éviter de décourager les interventions des non-résidents sur le marché boursier français, dont le rôle est important.

Par suite, l'article 244 bis C du CGI exonère expressément les personnes domiciliées hors de France de tout impôt sur les plus-values sur valeurs mobilières entrant dans le champ d'application de l'article 92 B du CGI.

- ***Revenus des actions des sociétés cotées soumises à l'IS***

Les dividendes versés par les sociétés françaises relevant de l'impôt sur les sociétés à des personnes physiques n'étant pas domiciliées en France (produits d'actions ou de parts sociales) sont soumis à une retenue à la source de 25 %.

Exemple :

revenu brut versé par la société	100
retenue à la source	– 25
revenu net versé au bénéficiaire	75

L'application des conventions internationales peut avoir pour effet la diminution ou la suppression de la retenue à la source (instruction du 02/07/1991. BO 4J-j-2-91).

- ***Revenus d'obligations***

Les non-résidents se trouvent exonérés de tout impôt sur les produits des obligations, titres d'emprunt négociables émis à compter du 1er janvier 1987.

4.1.4 LES ACTIONS

> Les personnes physiques non domiciliées en France bénéficient d'une exonération d'ISF sur les placements financiers qu'elles réalisent en France.

- ***Exonération des placements financiers art. 885 N à 885 R du CGI***

Cette exonération des placements financiers a pour but d'inciter les personnes physiques domiciliées hors de France à maintenir ou accroître leurs placements financiers en France.

Est concerné par l'exonération, l'ensemble des placements effectués en France par une personne physique et dont tous les produits de toute nature (exceptés les gains en capital) relèveraient de la catégorie des revenus de capitaux mobiliers.

Il s'agit principalement de dépôts à vue ou à terme en euros ou en devises, des bons et titres de même nature, d'obligations, d'actions et de droits sociaux.

- ***Exceptions à l'exonération***

Les titres de participation :

Les titres de participation ne sont pas considérés comme des placements financiers et sont donc soumis à l'ISF. Sont concernés ceux représentant au moins 10 % du capital d'une entreprise. Mais la qualité de titres de participation ne sera présumée que s'ils sont souscrits à l'émission, ou bien conservés pendant un délai de 2 ans au moins.

Les actions ou parts de sociétés à prépondérance immobilière :

Elles sont de la même façon que les titres de participation soumises à l'ISF. Néanmoins il faut pour cela que le patrimoine de la société qui a émis les titres soit principalement constitué d'immeubles. C'est-à-dire que la valeur des immeubles situés en France (autres que les immeubles affectés pour la société à sa propre exploitation) soit supérieure à 50 % de la valeur de l'actif social situé en France.

4.2 GESTION DES ACTIFS IMMOBILIERS

4.2.1 LA FISCALITÉ IMMOBILIÈRE EN FRANCE : LE CONSTAT

La fiscalité des actifs immobiliers se trouve à la croisée de différents impôts : impôt sur le revenu (revenus locatifs), impôt de plus value de cession, impôts locaux (taxe foncière et taxe d'habitation), impôt de solidarité sur la fortune.

Placements locatifs à usage d'habitation non meublée

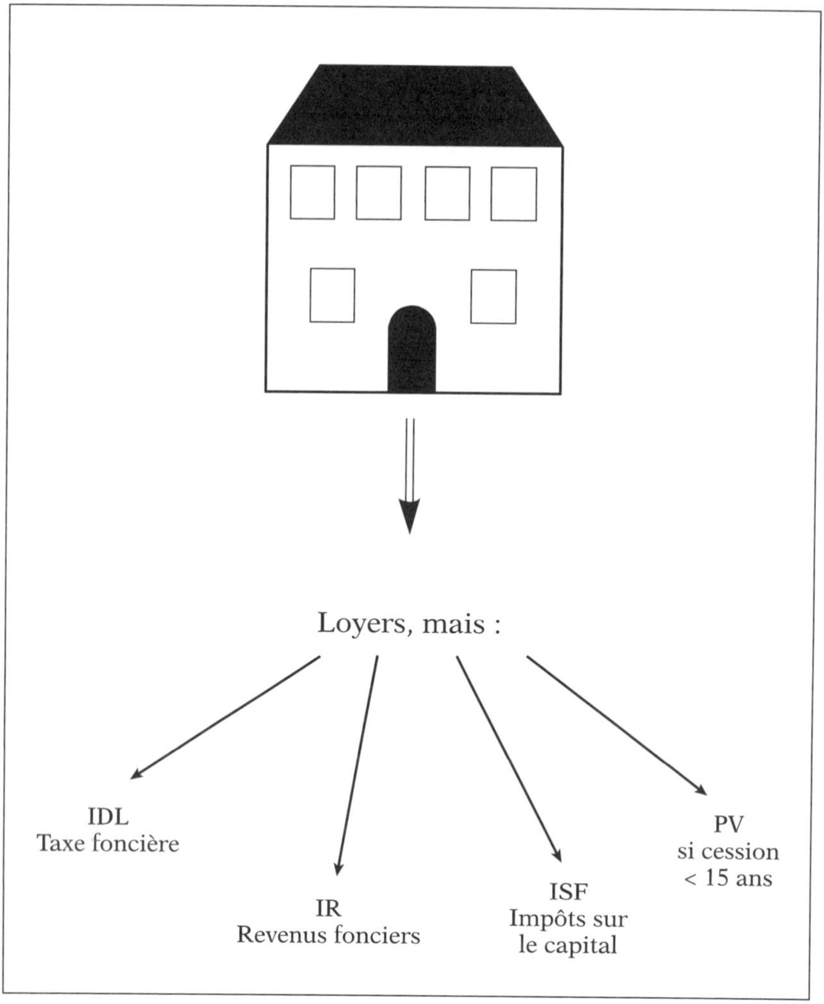

- IDL : Impôts directs locaux (taxe foncière, taxe d'habitation).
- IR : Impôt sur le revenu.
- ISF : Impôt de solidarité sur la fortune.
- PV : Plus-value des particuliers.

4.2.2 *IMPOSITION DES PLUS-VALUES IMMOBILIÈRES*

a) Principe :

Cette imposition résulte de la loi du 19 juillet 1976, modifiée par la Loi de Finances pour 2004 (article 150 du CGI).

Sont imposables « les plus-values effectivement réalisées par des personnes physiques ou des sociétés de personnes lors de la cession à titre onéreux de biens ou de droits », immobiliers. Il y a donc deux catégories de personnes imposables :

- les particuliers français ou étrangers résidant fiscalement en France,
- les sociétés de personnes visées à l'article 8 du CGI, essentiellement les SCI.

Seules les plus-values résultant d'une cession à titre onéreux sont imposables, que le bien soit situé en France ou à l'étranger (sauf conventions internationales), de telle sorte que les mutations à titre gratuit (donation, succession) échappent à l'impôt.

b) Exonérations :

La résidence principale : l'exonération de la plus-value réalisée lors de la cession de la résidence principale (lieu de séjour principal) est accordée au contribuable qui se trouve dans l'une des trois situations suivantes :

- l'immeuble a constitué la résidence principale du contribuable sans interruption depuis son acquisition ou son achèvement ;
- l'occupation du logement par le contribuable a commencé postérieurement à l'acquisition ou à l'achèvement et a duré au moins cinq ans de façon continue ou discontinue ;
- la cession de l'immeuble est motivée par des impératifs d'ordre familial, professionnel ou de santé.

Cette exonération s'étend aux dépendances immédiates et nécessaires.

Nota Bene : depuis le 1er janvier 2004, la première cession d'un logement lorsque le contribuable n'est pas propriétaire de sa résidence principale ne bénéficie plus de l'exonération de la plus-value.

• Les cessions de faible valeur :

– le montant de la cession ne doit pas excéder 15 000 € pour l'année (sans prendre en compte les cessions exonérées).

• Les plus-values immobilières réalisées par des contribuables dont l'ensemble du patrimoine immobilier n'excède pas 61 000 € (majorée de 15 250 € par enfant à charge à compter du troisième) y inclus le bien cédé.

Cette exonération n'est pas cumulable avec une autre et est subordonnée à une demande expresse du contribuable.

• Les expropriations consécutives à une déclaration d'utilité publique, à condition que l'indemnité d'expropriation soit intégralement remployée, dans les 12 mois de sa perception, à l'acquisition, la construction, reconstruction ou l'agrandissement d'un ou plusieurs immeubles.

Sur le plan de la taxation des plus-values immobilières la loi fiscale offre de nombreuses possibilités d'exonérations aux contribuables avisés.

c) Taxation de la plus-value :

La plus-value taxable est égale à la différence entre le prix de cession et le prix de revient du bien cédé.

Le prix de cession est diminué des taxes et frais supportés par le vendeur à l'occasion de la vente. Le prix d'acquisition est majoré des frais d'acquisition réels : honoraires du notaire, droit de timbre, ou d'un forfait de 7,5 % du prix d'achat pour les acquisitions à titre onéreux et frais d'actes pour les acquisitions à titre gratuit (à l'exclusion des droits de mutation). Le contribuable bénéficie aussi de la possibilité de déduire les dépenses de construction, reconstruction, agrandissement, rénovation et amélioration par l'application d'un forfait de 15 % du prix d'acquisition (sans justificatifs si le bien est détenu depuis au moins 5 ans) ; les frais de voirie et de réseaux... imposés par les collectivités locales ; les honoraires ayant rémunéré des consultations fiscales à l'occasion de la cession.

Les plus-values ne sont plus intégrées aux revenus du vendeur et imposées à ce titre. En effet, depuis le 1er janvier 2004, elles font l'objet d'une taxation spécifique comme les plus-values de cession d'actions ou d'obligations soit un prélèvement obligatoire de 26,3 % (taux forfaitaire de 16 % + 10,3 % de prélèvements sociaux).

Autre changement important, le prix d'acquisition majoré des frais ainsi que les dépenses (travaux) ne sont plus revalorisés par l'application du coefficient d'érosion monétaire de l'année d'acquisition ou de réalisation des travaux, ce qui entraînait alors une diminution de l'assiette imposable.

Désormais, la plus-value est diminuée d'un abattement pour durée de détention égal à 10 % par année entière de possession au-delà de la cinquième année. De ce fait, il existe ainsi une exonération pour les immeubles détenus depuis plus de 15 ans.

La plus-value nette est toujours diminuée de l'abattement général de 1 000 € sur chaque vente.

La plus-value immobilière est désormais contrôlée et payée immédiatement au moment de la cession du bien par les notaires eux-mêmes.

Le nouveau régime fiscal de plus-value mise en application par la Loi de Finances 2004 avantage les contribuables à hauts revenus car désormais la plus-value taxable ne sera plus soumise au barème progressif de l'IR (la tranche marginale d'imposition atteignant près de 50 % sans compter les prélèvements sociaux) mais au taux forfaitaire de 26,3 % ce qui représente une diminution de plus de la moitié de la pression fiscale.

4.2.3 *IMPOSITION DES REVENUS*

Les revenus fonciers sont constitués de l'ensemble des revenus provenant de la location de propriétés bâties, non bâties (terrains, lacs et étangs...) et de droits accessoires (droits d'affichage et de chasse...). Les produits tirés de la location d'immeubles meublés sont imposables dans une autre catégorie de l'IR (BIC).

Les personnes imposables sont les contribuables percevant des revenus d'immeubles bâtis ou non bâtis situés en France ou à l'étranger (sauf convention) et les propriétaires de parts ou actions de sociétés immobilières.

Le régime d'imposition opère une distinction selon qu'il s'agit des revenus provenant des propriétés urbaines ou des propriétés rurales.

Les propriétés urbaines ne se limitent pas aux immeubles localisés dans les villes, mais elles comprennent également les immeubles d'habitation et leurs dépendances situés dans les bourgs et villages des communes rurales.

Le revenu imposable, c'est-à-dire le revenu net est égal à la différence entre le revenu brut et les charges déductibles. Le revenu brut comprend le montant brut des loyers perçus, les recettes exceptionnelles, le montant des dépenses incombant au propriétaire et mises par contrat à la charge du locataire, les subventions de l'ANAH et les recettes accessoires. On doit en retrancher les dépenses incombant au locataire et celles acquittées par le propriétaire ainsi que la taxe additionnelle au droit de bail perçue au profit de l'ANAH.

Les charges déductibles du revenu brut pour l'obtention du revenu net sont les suivantes :

- la déduction forfaitaire : destinée à couvrir les frais divers (amortissement de l'immeuble, frais de gestion, assurance), elle s'applique au revenu brut, elle est en principe de 14 %[1].

1. La loi de Finances pour 2006 supprime la déduction forfaitaire de 14 %. En contrepartie, seraient déductibles pour leur montant réel, les primes d'assurance et certains autres frais à préciser.

- les frais de gérance et de rémunération des concierges ;
- les frais de réparation et d'entretien ;
- les dépenses d'amélioration ;
- les intérêts des emprunts ou des dettes contractées pour l'acquisition, l'amélioration ou l'entretien des immeubles ;
- les impôts (taxe foncière, taxe annuelle sur les bureaux en Île-de-France).

4.2.4 LA GESTION DU DÉFICIT FONCIER

Si la différence entre les recettes et les dépenses laisse apparaître un déficit foncier, quel est le sort réservé à ce déficit ? Plusieurs situations sont à envisager :

- le contribuable est propriétaire de plusieurs immeubles, dans ce cas la compensation s'effectue à l'intérieur de la catégorie des revenus fonciers, le déficit d'un des immeubles pouvant, comme cela est souvent le cas, être résorbé par les recettes des autres ;
- le contribuable n'est propriétaire que d'un seul bien immobilier donné en location non meublé. Dans ce cas, le déficit subi est imputable sur le revenu global, dans la limite de 10 700 € dans la mesure où il ne provient pas d'intérêts d'emprunts, l'excédent est imputable exclusivement sur les revenus fonciers des 10 années suivantes pour les propriétés urbaines.

Lorsque le revenu global du contribuable est insuffisant pour absorber le déficit foncier imputable (limité à 10 700 €), l'excédent du déficit est imputable sur les revenus globaux des cinq années suivantes à condition que le propriétaire s'engage à louer le bien pendant au moins trois ans.

- ***Les impôts locaux***

Sans constituer un élément majeur dans les choix d'implantation ou de délocalisation, ils peuvent à titre complémentaire peser dans la décision de ne pas ou de ne plus investir en France. Impôt annuel, la taxe d'habitation est établie au nom des personnes qui, à quelque titre que ce soit, ont la jouissance ou la disposition des locaux affectés à l'habitation. La taxe foncière, impôt annuel également, viendra se superposer à la taxe d'habitation lorsque occupant et propriétaire ne sont qu'une seule et même personne.

- ***L'impôt de Solidarité sur la Fortune***

Les résidents français sont soumis à l'ISF sur l'ensemble de leurs biens situés en France et hors de France (mondialisation) sauf application des conventions internationales.

Lorsque le bien est situé dans un pays ayant signé avec la France une convention afin d'éviter les doubles impositions et à la condition qu'un impôt équivalent existe dans le pays de situation du bien. Deux mécanismes peuvent se rencontrer :

- soit le bien est taxable dans le pays où il est situé, il n'est dans ce cas pas imposable en France ;
- soit l'impôt est payé à l'étranger et est déductible de l'impôt français, le bien étant taxé à la fois en France et dans le pays de situation.

L'impôt annuel sur la fortune est ancien et d'origine germanique. Son succès est venu du Nord de l'Europe et du Canada au début du XXe siècle. Les pays latins comme la France et l'Espagne l'ont adopté beaucoup plus tard, mais dans tous les pays qui le pratiquent son rendement est faible, il est cependant, par son système déclaratif, un préalable à la succession et les renseignements qu'il est susceptible de fournir donnent à l'administration fiscale une meilleure image du patrimoine du défunt.

En France l'impôt annuel sur la fortune, impôt sur les Grandes Fortunes (IGF) a été introduit par la loi de finances pour 1982 sous le gouvernement de Pierre Mauroy. A l'origine il frappait indifféremment le patrimoine privé et le patrimoine professionnel. Très vite, l'outil de travail sous la pression de certains personnages influents, fut exonéré sous certaines conditions. Pour être tout à fait précis, les biens professionnels ont été déclarables pendant deux ans, mais leur taxation différée, fut purement et simplement supprimée en 1983.

Abrogé sous le gouvernement Chirac, il revit le jour à l'aube du deuxième mandat du Président François Mitterrand sous l'appellation plus racolleuse d'Impôt de Solidarité sur la Fortune (ISF), mais en fait, il y eut reconduction pure et simple des règles de l'IGF.

Cet impôt sur l'actif net du foyer fiscal est donc toujours une contribution annuelle à caractère synthétique et personnel.

La politique fiscale s'est donc en la matière délibérément orientée vers une tentative de réduction des inégalités, et dans le sens d'une translation de la charge fiscale vers les « possédants ».

• ***Virage dangereux***

A compter de l'année 1996, le plafonnement de l'ISF (impôt sur le revenu + ISF limité à 85 % du revenu imposable) se trouve être supprimé pour les contribuables dont le patrimoine taxable excède la troisième tranche du barème soit 2 339 000 € pour 2005 [1].

Pour ces derniers, la réduction à opérer sur l'ISF ne peut excéder :

- 50 % du montant de la cotisation,
- ou, s'il est supérieur, le montant de l'impôt correspondant à un patrimoine taxable égal à la limite supérieure de la troisième tranche du barème.

En d'autres termes, l'allégement de la cotisation de l'ISF ne peut excéder la plus élevée des deux valeurs suivantes :

- 11 157 € pour 2005,
- 50 % de l'ISF dû avant plafonnement.

Pour certains contribuables (certes peu nombreux) ayant un patrimoine composé essentiellement de biens

1. Cette limitation ne concerne que les redevables qui ont leur domaine fiscal en France.

immobiliers donnés en location, cette nouvelle donne risque de les mettre dans une situation où, leurs revenus fonciers se trouvant inférieurs au montant cumulé de leur impôt sur le revenu et de leur ISF, ils seront contraints, pour payer leurs impôts et pour vivre, de vendre une partie de leur patrimoine.

• ***Le « Bouclier fiscal »***

A compter de 2007, le total des impôts sur le revenu, des impôts locaux afférents à l'habitation principale (taxe foncière et taxe d'habitation) et de l'ISF ne pourra excéder 60 % des revenus, les prélèvements sociaux n'entreraient pas dans le champ d'application du plafonnement.

4.2.5 LA NICHE DU NON-RÉSIDENT : L'INVESTISSEMENT IMMOBILIER DES NON-RÉSIDENTS

L'internationalisation des acquisitions immobilières n'est pas un phénomène récent.

Les investissements immobiliers, lorsqu'ils sont librement autorisés, intéressent de nombreux pays. On sait qu'en France, des vagues d'investisseurs internationaux se sont succédées, parfois freinées par l'adoption de dispositions fiscales peu encourageantes et fortement médiatisées.

Aussi, une analyse des textes, principalement ceux du droit interne, se révèle nécessaire pour fixer l'effet réel de certaines dispositions et sécuriser certains schémas d'investissement compte tenu des exigences juridiques et fiscales de l'État d'accueil. De plus, la prise en compte de la qualité de l'investisseur (non domicilié/non-résident) demeure essentielle. En outre, il convient de vérifier si le bénéfice des conventions fiscales internationales protège l'investisseur face à un État (la France) fréquemment présenté comme avide de recettes budgétaires.

Pour répondre à ces interrogations, il est nécessaire de faire le point sur le régime d'imposition applicable aux personnes physiques non domiciliées envisageant un investissement immobilier et aux sociétés non résidentes souhaitant poursuivre un semblable objectif. En outre, la multiplicité des schémas d'acquisition en matière d'investissement immobilier international et leur sophistication nous conduit à reformuler l'environnement fiscal d'une voie d'investissement simple : « l'investisseur direct immobilier ». Au préalable, nous vous proposons d'analyser le cas de personnes physiques non domiciliées.

• ***Personnes physiques non domiciliées et investissement immobilier***

La France, retenue comme État de réalisation du projet immobilier, conduit l'investisseur non domicilié à la formulation de deux interrogations :

- la première concerne la réglementation française applicable aux investissements immobiliers [1], communément appelée « contrôle des changes » ;
- la seconde est essentiellement fiscale.

En matière de « contrôle des changes » – applicable à l'acquisition de biens immobiliers –, la France a traditionnellement adopté une politique accueillante et ne méritait pas, en la matière, son ancien qualificatif de « musée de contrôle des changes ».

Face à la réglementation fiscale, la position apparaît plus ambigüe. La stratification de divers textes a donné naissance à une véritable mosaïque fiscale dont nous rappellerons les composantes essentielles.

Par souci de simplification, nous retiendrons la scission entre revenus et plus-values et le facteur d'extranéité, à savoir la convention fiscale internationale destinée à éviter les doubles impositions. Soulignons que l'objet de cette étude demeure limité à la définition des critères d'imposition et non à l'analyse exhaustive des bases d'imposition.

---

1. Y est incluse celle applicable, le cas échéant, aux « investissements directs immobiliers ».

Les incidences en matière d'impôts directs et plus-values

La détention d'un bien immeuble en France par des personnes physiques non domiciliées ne devrait entraîner aucune mesure de pénalisation fiscale. Rappelons que la banalisation des systèmes nationaux d'imposition demeure la meilleure protection en matière de double imposition. L'image médiatique française, en la matière, est négative. Un régime d'imposition aggravé qui frapperait les investisseurs étrangers expliquerait, pour certains, le désintérêt des investisseurs traditionnels. D'autres États, dont l'Espagne, et le Portugal bénéficiant d'une fiscalité plus permissive, accueilleraient alors ce qui nous échapperait. La France discrimine-t-elle en la matière ?

a) Principe d'imposition

On sait que pour cette population d'investisseurs (personnes physiques non résidentes), « l'image fiscale », essentiellement subjective, conditionne fréquemment la décision d'acquisition.

De plus, les tentatives d'extension de certaines dispositions fiscales nationales au regard de non-domiciliés effraient, parfois à juste titre, les investisseurs potentiels.

La nationalité de l'investisseur n'est pas la cause d'une quelconque discrimination fiscale. Observons que depuis la loi du 29 décembre 1976, l'imposition des personnes physiques en France est fondée sur le concept de domicile fiscal énoncé à l'article 4.B du Code général des impôts, et nullement sur la nationalité.

Sur le fondement de cette disposition, divers critères (personnel, professionnel, économique, patrimonial), permettent de fixer le domicile fiscal en France [1]. La reconnaissance d'un semblant « domicile » justifie et conforte l'imposition dans notre pays, imposition mondialiste. En outre, le renforcement du réseau conventionnel français n'affaiblit pas la position administrative retenue en droit

1. L'application de l'un ou l'autre de ces critères suffit à la qualification d'un « domicile fiscal » dans notre pays.

interne (article 4.B). Curieusement, l'intégration fidèle du modèle OCDE [1], par la France, conforte à l'excès le droit interne, droit rigide et pénalisant pour les non-domiciliés. Paradoxalement, la « clarté » fiscale de certaines situations demeure sanctionnée, notamment en l'absence de revenus.

b) <u>L'application en matière de revenus</u>

1) En l'absence de revenus : une semblable proposition peut paraître paradoxale. Néanmoins, dans cette hypothèse, le mythe d'une imposition pénalisante et moralisante est établi. Rappelons qu'en l'absence de revenus de source française, le non-domicilié qui dispose, à quelque titre que ce soit, d'une habitation dans notre pays subit, à priori, une lourde imposition peu justifiée économiquement (article 164.C du CGI).

La taxation retrouve son origine dans un mode d'imposition historiquement indiciaire. En effet, en l'absence de revenus de source française, une imposition égale à trois fois la valeur locative réelle du bien ou des biens immeubles est édictée. Cette imposition qui constitue le principe est présentée comme une véritable entrave même si ce principe comporte plusieurs dérogations. La pérennité de cette disposition devrait être évoquée car, en fait, elle est exceptionnellement appliquée mais demeure, néanmoins, dissuasive. Rappelons, en effet, que l'application de cette mesure s'efface sous l'effet des traités ou conventions fiscales internationales. En conséquence, la taxation est évitée par la conjugaison des traités internationaux ou de la justification moralisatrice [2] d'une juste imposition dans l'État de résidence. La preuve est parfois difficile à apporter et le non-domicilié subit une « attention fiscale » souvent mal vécue.

---

1. Article 4.2 de la convention modèle OCDE.

2. Peur d'un quasi-vide fiscal. En matière de charge de la preuve, la personne physique doit justifier d'une imposition et donc d'un État de résidence (cf. §. 2 article 164c. application « aux contribuables de nationalité française »).

De plus, pour les non-domiciliés non protégés par l'existence d'un traité de réciprocité ou d'une convention internationale, la pénalisation demeure entière : résidents de Hong-Kong ou du Moyen-Orient. En revanche, l'existence d'une convention fiscale internationale peut être qualifiée de protectrice au regard de l'article 164.C.

2) En présence de revenus : on sait que les revenus d'immeubles situés en France sont considérés comme des revenus de source française.

Le non-domicilié, qui possède des biens immeubles loués nus en France, est taxable en France au titre desdits revenus (catégorie des revenus fonciers). Soulignons que les modalités d'assiette sont identiques, pour la définition des revenus fonciers, à ceux des domiciliés. La rupture, au regard de l'imposition, est liée exclusivement à l'existence d'un seuil d'imposition minimum (article 197.A). En effet, le taux d'imposition « ne peut être inférieur à 25 % du revenu net imposable ».

Qu'en est-il en matière de plus-values ?

c) <u>L'application en matière de plus-values</u>

Les non-domiciliés sont également imposables, lors de la réalisation des plus-values immobilières nées de la gestion privée, de leur patrimoine national.

Depuis 2004, le taux appliqué sur la plus-value lors de la cession d'un bien immobilier est différent selon que le vendeur, non-résident français, est ressortissant ou non de la Communauté Européenne.

En effet, les résidents d'un État membre de la Communauté Européenne sont maintenant assimilés aux contribuables domiciliés en France. Ils sont donc soumis au même prélèvement libératoire de 16 % sur la plus-value (sans à avoir, cependant, à acquitter les 10,3 % de prélèvements sociaux).

Pour les autres non-résidents ressortissants d'un pays tiers, un régime de taxation distinctif est retenu. L'imposition s'effectue par voie de prélèvement à la source au taux de 33,33 %. Il est acquitté lors de l'enregistrement de l'acte. Ajoutons que ce prélèvement est libératoire de toute autre imposition (article 244 *bis*) pour « les contribuables fiscalement domiciliés hors de France au sens de l'article 4.B ».

Nonobstant l'article 164.C, les autres dispositions fiscales n'ont pas vocation à discrimination entre domicilié et non-domicilié [1]. De fait, la détention directe du bien immeuble semble la voie d'acquisition la plus simple et la moins coûteuse au plan fiscal. Cette transparence est souhaitée par l'administration fiscale. En effet, et dès 1983, le retour à la détention directe des biens immeubles fut encouragée (paiement d'une taxe forfaitaire « de sortie » de 15 %). Cette disposition accompagnait l'instauration d'une taxe patrimoniale annuelle due, curieusement, par les sociétés non résidentes localisées dans des refuges fiscaux.

Notons que l'interposition d'une société écran transforme la structure de l'investissement. Celui-ci devient alors le fait d'une personne morale étrangère. L'administration fiscale française a traditionnellement considéré avec suspicion les sociétés étrangères non-résidentes qui possèdent des immeubles en France. Aussi, le recours fréquent et systématique aux vecteurs sociétaires entraîne des mesures de rétorsion fiscale nationale. L'une des illustrations demeure celle de la Loi de Finances pour 1983 (article 4), modifiant le régime d'imposition des sociétés étrangères possédant des immeubles en France, puis le développement de la législation en la matière avec la Loi de Finances pour 1993 (article 29), montre s'il en était encore besoin que le recours à des structures sociétaires non-résidentes risque de pénaliser lourdement les investisseurs, personnes physiques dissimulées derrière des sociétés écrans.

L'imposition à l'impôt sur les sociétés banalise le régime applicable aux entités résidentes et conforte le postulat de taxation égalitaire. Existe-t-il des dispositions aggravantes ?

1. En matière de droits d'enregistrement, l'égalité est absolue.

d) Les dispositions aggravantes

L'imposition exclusive et égalisatrice des revenus immobiliers, de source française, perçus par une entité juridique étrangère, ne saurait effrayer l'investisseur non-résident. En revanche, des dispositions susceptibles de générer des surcoûts fiscaux sont applicables en fonction, notamment, de la localisation géographique des structures juridiques retenues (voir Taxe annuelle de 3 %, p. 99 sq.)

Taxe annuelle de 3 % : en application de la Loi de Finances pour 1983 (article 990.D du CGI), une taxe annuelle de 3 % est assise sur la valeur vénale des immeubles possédés en France par les sociétés. L'économie de cette imposition vise, à nouveau, à sanctionner l'acquisition de biens immobiliers par des sociétés localisées, principalement dans des Pays à régime fiscal privilégié.

- ***L'environnement fiscal de « l'investissement direct immobilier »***

Fréquemment, l'optimisation de certains schémas d'investissements entraîne l'injonction de structures relais, particulièrement en matière internationale. A notre avis, pour des sociétés non-résidentes ne craignant pas de relever l'identité de leurs associés, la voie de la simplicité (investissement dit direct) peut s'envisager. On observe que la société non-résidente qui souhaite réaliser un investissement immobilier en France recourt fréquemment à des sociétés d'accueil (civiles ou commerciales) résidentes. Ces structures détenues quasi exclusivement par l'investisseur non résident nous paraissent peu justifiées en matière fiscale. Rappelons, par exemple, que les revenus perçus par une société commerciale étrangère, par le biais d'une SCI qu'elle détient, demeurent taxables en France à l'impôt sur les sociétés. En outre, en application de l'article 238 *bis* K du Code général des impôts, l'assiette taxable sera déterminée compte tenu des dispositions applicables aux sociétés commerciales soumises à l'impôt sur les sociétés. La détention par le biais d'une société commerciale de droit français rend le schéma d'acquisition complexe. En effet, les revenus locatifs sont transformés en produits et devront faire l'objet d'une distribution de dividendes pour en permettre la remontée à l'investisseur non résident.

Au regard de ces situations, l'acquisition directe du ou des immeubles en France par la société étrangère doit être envisagée, pour autant qu'aucun risque de surimposition n'existe. Dans cette hypothèse, les dispositions applicables, d'une part, aux revenus et, d'autre part, aux plus-values seront analysées compte tenu de l'absence de séparation patrimoniale entre la société étrangère qui investit et le produit de son investissement français.

Définition de l'assiette imposable

Rappelons que les produits nés de la gestion civile d'un patrimoine immobilier situé en France par une société étrangère sont imposables en France. Cette imposition est due en l'absence « d'établissement » ou d'opérations commerciales (cf. II.A.1) et résulte d'une interprétation extensive de l'article 206.1 du Code général des impôts. Aussi, il importe de relever les données distinctives susceptibles de rompre l'apparente harmonie issue de la taxation à l'impôt sur les sociétés, présentée volontiers comme égalitaire.

Rappel des dispositions applicables

Principe : à l'instar d'une société résidente, la société étrangère bénéficiera, de droit, de l'ensemble des dispositions favorables applicables pour la détermination de sa base d'imposition. La définition de cette base demeure essentiellement fondée sur le jeu conjugué des articles 38 et 39 du Code général des impôts. Pour bénéficier de ces dispositions, la société étrangère sera conduite à l'établissement d'un bilan administratif dont la vocation exclusive demeure fiscale [1].

---

1. Article 218.A.1° du CGI : le lieu d'imposition est fixé au lieu de situation des biens immeubles. En cas de pluralité d'immeubles, l'imposition est établie au Centre des Non-Résidents à Paris.

Applications : en matière de charges déductibles, il sera tenu compte des amortissements. Au fond, cette donnée ne pose pas de difficultés quand bien même l'État de la société étrangère ne reconnaîtrait pas une semblable faculté d'amortissement des immeubles. En la forme, l'application de l'article 39.2 subordonne la déductibilité fiscale des amortissements à leur comptabilisation effective. On s'attachera, dans les livres de la société étrangère, à respecter cet impératif formel, à défaut de comptabilité française.

L'analyse des flux financiers mérite une attention particulière. En effet, l'investisseur sera fréquemment amené à mobiliser des fonds levés à l'étranger pour financer son acquisition immobilière. La déductibilité fiscale, en France, de ces charges financières est-elle assurée ?

Une décision du Conseil d'État du 9 février 1973 (req. n° 83695) a été prononcée sur le sort des intérêts liés à l'acquisition, par une société étrangère, d'un immeuble en France. Nous en rappellerons l'économie : « Les intérêts étaient dus, non comme une charge de l'exploitation que l'établissement X... possède en France, mais comme une dette de cette personne morale qui a son siège hors de France et qui paie effectivement les intérêts à l'étranger. »

Cette décision était fondée sur les conclusions de Monsieur le commissaire du Gouvernement Mandelkern qui fit valoir : « L'établissement français rémunère le capital mis à sa disposition à l'aide des loyers qu'il reçoit... Mais parmi ces charges, il n'a pas à faire rentrer les intérêts dus par le siège, situé à l'étranger, au titre de la rémunération de l'emprunt à l'aide duquel ce capital a été constitué... Il découle symétriquement de cette analyse que les intérêts ne sont pas de source française. »

A notre avis, cette décision ne saurait être pérenne. On peut relever que :

- une application littérale de l'article 39.1° du CGI conduit à la déductibilité ;
- la localisation de l'emprunt à l'étranger, pour autant que le lien de cause à effet entre l'emprunt et son emploi en France soit prouvé, ne saurait être opposé ;

- les sociétés étrangères, bénéficiant d'une protection conventionnelle, pourraient s'opposer à cette tentative de discrimination.

Enfin, il n'y a pas d'établissement *stricto sensu*.

En revanche, cette jurisprudence n'a pas, à notre connaissance, été infirmée. On doit cependant noter que Monsieur le Commissaire du Gouvernement Fouquet a pu faire valoir (CE 24.02.1986, req. 54253 et 54256) : « Les intérêts d'un emprunt contracté à l'étranger par une société étrangère sont **probablement** déductibles des revenus produits par cet immeuble, dès lors que la société ne dispose pas d'établissement en France, encore faut-il que l'**anstalt** justifie de l'affection des fonds empruntés pour l'acquisition de l'immeuble et les intérêts versés à raison de cet emprunt. »

Cette décision, rendue au bénéfice d'un **anstalt** (entité d'un Paradis fiscal) devrait, à l'évidence, bénéficier aux sociétés étrangères résidentes d'un État ayant conclu avec la France une convention fiscale internationale. La déductibilité fiscale, fondée en réalité sur un principe d'affectation de la charge, doit être pleinement reconnue et autorisée. En ce sens, la décision précitée devrait être réitérée. En effet, il serait dommageable que « l'investissement direct immobilier » soit pénalisé par une semblable donnée. Le recours à une structure sociétaire serait alors à envisager dans l'hypothèse où la déductibilité ne serait pas pleinement accordée.

L'application des dispositions fiscales aux flux financiers présente également une interrogation au regard des produits financiers, nés des disponibilités générées par la location du bien situé en France, en l'absence « d'établissement » ou « d'établissement stable » en France. Compte tenu d'une décision ancienne (CE 1.02.1937, GP 4.05.1937), il apparaît que les revenus de ce type devraient être rattachés aux produits taxables en France.

Modalités d'imposition

Sur la base d'une assiette fiscale nationale, l'imposition sera liquidée dans des conditions de droit commun. Le résultat net est directement appréhendé dans les comptes sociaux de l'entreprise étrangère. Sur le produit locatif net, l'imposition sera généralement liquidée au taux de 33 1/3 %. Au regard de cette égalité apparente, deux difficultés doivent être relevées. La première concerne l'application éventuelle de l'article 115 quinquies du Code général des impôts. La seconde est liée à la revendication du taux réduit d'imposition (19 % pour l'IS, 16 % pour l'IR).

a) <u>Au regard de la surimposition éventuelle</u>

Une disposition ancienne [1], codifiée à l'article 115 quinquies du Code général des impôts, édicte une présomption de distribution des bénéfices à des « associés n'ayant pas leur domicile fiscal ou leur siège social en France » lorsqu'ils sont réalisés par une société étrangère. L'assiette de cette imposition est large et intègre « les bénéfices réalisés en France ». Lesdits bénéfices après avoir subi l'impôt sur les sociétés au taux de droit commun font l'objet d'une retenue à la source au taux de 25 %. Aussi, les sociétés non résidentes sont susceptiles d'entrer dans le champ d'application de cette disposition au titre de leurs revenus immobiliers de source française. Une distinction fondamentale doit être opérée, fondée sur l'existence ou l'absence de convention fiscale internationale :

- En l'absence de convention fiscale internationale, l'article 115 quinquies s'applique, compte tenu de l'interprétation extensive de cette disposition [2]. En effet, en droit interne, l'article 115 quinquies est exigible dès lors qu'il y a imposition de bénéfices réalisés en France, même s'il n'y a pas d'établissement en France (réponse Pierre Bernard Couste, JO Déb AN 19.05.1979). La retenue à la source de 25 % serait due

1. Reprise par la loi du 12 juillet 1965 d'une disposition incluse dans une loi de 1872.

2. La thèse contraire revendiquée par quelques auteurs nous apparaît fragile. La doctrine administrative fondée sur le caractère unique et global de l'impôt sur les sociétés suffit, à notre sens, à justifier d'une telle application (Instruction Administrative du 24.02.1966, § 160).

(article 187.1 du Code général des impôts), compte tenu de l'imbrication relevée entre l'article 115 quinquies et l'article 209 du Code général des impôts.

- En présence d'une convention fiscale internationale, la situation sera différente. En effet, la plupart des conventions fiscales traitent de l'application de l'article 115 quinquies et en subordonne la mise en œuvre à l'existence d'un établissement stable. Au cas des immeubles donnés en location, il ne peut y avoir reconnaissance d'un tel établissement et, en conséquence, l'article 115 quinquies ne s'appliquerait pas.
  En revanche, l'interrogation demeure dans l'hypothèse où la convention fiscale ne traite pas du problème de l'article 115 quinquies ; l'administration pourrait être tentée d'appliquer l'article précité même en l'absence d'établissement stable.

b) <u>Au regard du taux réduit d'imposition</u>

Dans l'hypothèse où la société propriétaire entend céder le ou les biens immeubles situés en France, une « alchimie » discutable sera appliquée pour la détermination de la base de la plus-value taxable. En effet, la plus-value est soumise à un prélèvement d'un tiers (article 224 *bis* A) imputable sur l'I.S. dû à raison de la cession (cf. Réponse Julia JO Déb AN 22.06.1979, p. 5470 confirmant la réponse ministérielle Seitlinger du 30.11.1978). Outre l'existence de ce régime hybride, le prélèvement du tiers n'est jamais restituable. De plus, le respect de certaines conditions formelles sanctionne, à l'excès, l'investisseur non résident.

Compte tenu de la durée de détention du bien, le cédant non-résident pourrait se prévaloir du régime d'imposition des plus-values à long terme taxables, on le sait, à un taux préférentiel. Économiquement, une telle disposition est peu discutable. Juridiquement, compte tenu de l'obligation corrélative de doter un poste de réserve (réserve de plus-values long terme) au passif du bilan [1], le bénéfice du taux

---

1. Article 209 quater du CGI. Instruction Administrative du 8.02.1982 4-H/3/82.

réduit sera alors refusé au cédant. En effet : « En cas de possession d'une seule propriété immobilière en France, l'administration considère que la plus-value de cession ne peut **en aucun cas** bénéficier de la taxation réduite des plus-values à long terme étant donné que la condition d'inscription au passif du bilan ne peut être respectée... »

Cette solution nous paraît critiquable :

- Comment doter un poste de réserve spéciale en l'absence de compte capital ? (bilan d'affectation en France) [1] ;
- la dotation peut-elle s'envisager au sein d'un même et unique patrimoine ? ;
- Pourquoi distinguer le bilan d'affectation (en France) du bilan social étranger ? ;
- En présence d'une clause conventionnelle d'égalité de traitement, la société non-résidente n'est-elle pas fondée à constituer – *mutatis mutandis* – une semblable réserve spéciale [2] dans ses livres.

Ajoutons, enfin, qu'une distinction discutable est établie en fonction de la détention d'un ou plusieurs immeubles.

Pour conclure, constatons que la fiscalité nationale n'apparaît pas discriminante vis-à-vis des investisseurs internationaux. La prise en compte de facteurs extrinsèques est réelle, notamment par le biais des conventions fiscales internationales [3] qui facilitent, en la neutralisant partiellement, la compatibilité des dispositions du droit interne et celles du droit conventionnel.

Enfin, ajoutons que « l'investissement direct immobilier » devrait être privilégié, pour autant que certaines incidences soient confortées [4] et apparaître, à court terme,

---

1. La contrepartie de l'actif affecté (immeuble) est contrebalancée au passif par un simple compte de liaison.

2. Sur ce point particulier, nous renvoyons le lecteur aux excellentes observations développées par M. Henri de Feydeau in *Bulletin Fiscal*, Francis Lefebvre, avril 1987.

3. A titre d'illustration typique, convention avec l'Arabie Saoudite du 18 février 1982, notamment article 5.

4. Nous pensons principalement à la déductibilité des charges financières.

comme un « procédé d'implantation naturel ». Plus généralement, celui-ci rejoindrait alors les politiques d'introduction en France des sociétés étrangères.

4.2.6 TAXE SUR LES IMMEUBLES DÉTENUS EN FRANCE PAR DES PERSONNES MORALES ÉTRANGÈRES

Depuis le 1er janvier 1983, une taxation de 3 % est établie sur la valeur vénale des immeubles ou droits immobiliers possédés en France par certaines sociétés qui n'y ont pas leur siège social.

• ***Présentation générale***

Les personnes morales qui, directement ou par personne interposée, possèdent un ou plusieurs immeubles situés en France ou sont titulaires de droits réels portant sur ces biens peuvent être redevables d'une taxe annuelle égale à 3 % de la valeur de ces immeubles ou droits (art. 990 D à 990 G du Code général des impôts).

L'article 29 de la loi de finances pour 1993 (loi n° 92-1376 du 30 décembre 1992) codifié aux articles 990 D, 990 E et 990 F du Code général des impôts a modifié cette taxe en étendant son champ d'application aux personnes morales qui ont leur siège en France. Corrélativement, les cas d'exonération ont été élargis. Ses conditions d'application ont été précisées par le décret n° 93-819 du 14 mai 1993 et par un arrêté de la même date.

• ***Champ d'application – principes généraux***

La taxe de 3 % s'applique aux personnes morales

La taxe concerne toutes les personnes morales. Il n'y a pas lieu de distinguer selon la forme de l'entité en cause (société de capitaux, société de personnes, société civile, entité autre qu'une société) dès lors qu'elle est dotée, selon le droit du pays où se trouve le siège statutaire, d'une personnalité distincte de celle de ses membres. En particulier, les « Anstalten » (établissements) et les « Stiftungen » (fondations) du Liechtenstein doivent être considérés à cet égard comme ayant une personnalité propre.

Les sociétés visées à l'article 1655 *ter* du Code général des impôts (Sociétés Immobilières de Copropriété) ne sont pas soumises à la taxe de 3 % compte tenu des dispositions expresses de cet article.

A compter du 1.10.1993, pour apprécier si une personne morale entre ou non dans le champ d'application de la taxe, le lieu du siège de cette personne est sans importance, il peut se situer en France ou hors de France.

Le deuxième alinéa de l'article 990 D précise qu'est réputée posséder des biens ou droits immobiliers en France par personne interposée, et donc entrer dans le champ d'application de la taxe de 3 %, toute personne morale qui détient une participation, quelle qu'en soit la forme et la quotité, dans une personne morale qui est :

- propriétaire d'immeubles situés en France ou de droits réels portant sur de tels immeubles :
- ou détentrice d'une participation dans une troisième personne morale, qui est elle-même :
  . soit propriétaire d'immeubles ou de droits immobiliers ;
  . soit interposée dans la chaîne des participations.

Ces dispositions sont applicables quel que soit le nombre de personnes morales interposées.

Cependant, la taxe n'est due que par la ou les personnes morales qui, dans cette chaîne, sont les plus proches des immeubles ou droits immobiliers et qui ne sont pas exonérées en application du 2° ou du 3° de l'article 990 E du Code général des impôts.

Personnes exonérées

a) Les personnes morales qui ne sont pas considérées comme étant à prépondérance immobilière. La personne morale qui possède en France, directement ou par personne interposée, des actifs immobiliers dont la valeur vénale représente moins de 50 % de la valeur vénale de l'ensemble de ses actifs français n'est pas soumise à la taxe de 3 %.

b) Les personnes morales dont le siège est situé dans un pays ou territoire ayant conclu avec la France une convention fiscale comportant une clause d'assistance administrative en vue de lutter contre la fraude et l'évasion fiscale (cf. *a* p. 96).

c) Les personnes morales qui ont leur siège de direction effective en France ou qui en vertu d'un traité, doivent bénéficier du même traitement que les personnes morales ayant leur siège en France (sous réserve de satisfaire aux obligations déclaratives exposées au *b* p. 96).

d) Les sociétés cotées en Bourse.

e) Les organisations internationales, États souverains et institutions publiques.

f) Les caisses de retraite et autres organismes à but non lucratif qui exercent une activité désintéressée de caractère social philanthropique éducatif ou culturel.

Exemple : un immeuble situé en France et affecté à la location appartient à une société civile F qui a son siège en France. Les parts de F sont détenues par moitié par deux sociétés E1 et E2 qui ont l'une et l'autre leur siège hors de France.

La société F, ayant pris l'engagement de communiquer à l'administration les informations et les justificatifs mentionnés au 3° de l'article 990 E, n'est pas soumise à la taxe de 3 %.

La société E1 a son siège dans un État qui n'est pas lié à la France par une convention d'assistance administrative ou par une convention fiscale comportant une clause de non discrimination applicable aux personnes morales pouvant bénéficier des dispositions de la convention concernée. Elle est redevable de la taxe de 3 % sur 50 % de la valeur vénale de l'immeuble.

La société E2 a son siège dans un État lié à la France par une convention fiscale comportant une telle clause de non discrimination. Son capital est détenu par moitié par une personne physique (P) et par une société E3 qui a son siège dans un État non lié à la France par une convention de la nature de celles évoquées à l'alinéa précédent.

E2 ayant pris l'engagement prévu au 3° de l'article 990E est exonérée.

La fraction de la valeur vénale de l'immeuble (50 % × 50 % = 25 %) qui correspond aux droits de la personne physique, P, associée dans E2 n'est pas soumise à la taxe de 3 %. La société E3, en revanche, est redevable de la taxe de 3 % sur la fraction de la valeur vénale de l'immeuble qui correspond à ses droits (25 %).

Obligations déclaratives et de renseignements

a) Les personnes morales décrites au paragraphe *b* de la p. 95 sont exonérées de la taxe, si elles font connaître chaque année à l'administration fiscale, avant le 16 mai (déclaration 2746) les renseignements suivants :

- lieu de situation, consistance et valeur vénale des immeubles qu'elles possèdent en France, directement ou par l'intermédiaire d'une ou plusieurs personnes morales interposées au 1er janvier de l'année ;
- identité et adresse des actionnaires ;
- nombre d'actions ou de parts détenues par chacun d'eux.

La déclaration est à déposer en double exemplaire.

b) Les personnes morales décrites au paragraphe *c* de la page 95 sont, elles aussi, exonérées de la taxe de 3 %, cependant elles doivent remplir obligatoirement l'une des deux conditions suivantes :

– Communiquer chaque année à l'administration fiscale certains renseignements.

Les renseignements à fournir par les personnes concernées portent sur la situation et la consistance des immeubles possédés au 1er janvier, directement ou par l'intermédiaire d'une ou plusieurs personnes morales interposées, l'identité et l'adresse de leurs actionnaires, associés ou autres membres et le nombre des actions, parts ou autres droits détenus par chacun d'eux.

Les obligations déclaratives mises à la charge de plusieurs catégories de sociétés par le Code général des impôts satisfont à l'objectif d'information de l'administration poursuivi par le 3° de l'article 990 E.

– Prendre et respecter l'engagement de communiquer à l'administration fiscale, sur sa demande, certains renseignements.

Les personnes morales visées doivent par ailleurs prendre l'engagement de fournir à l'administration, sur sa demande, la justification de la résidence fiscale de leurs actionnaires, associés ou autres membres. Les justificatifs à présenter doivent établir clairement la résidence fiscale des personnes concernées. Il peut s'agir par exemple d'une attestation de services fiscaux du lieu du domicile fiscal ou du siège ou d'un avis d'imposition s'il est suffisamment explicite.

N.B. : Les immeubles affectés par la société à sa propre activité autre qu'immobilière, ne sont pas soumis à la taxe.

• ***Assiette et taux de l'impôt***

La taxe est due à raison des immeubles imposables possédés en France au 1er janvier de l'année d'imposition.

Elle est calculée sur la valeur vénale des immeubles (ou des parts des sociétés immobilières) détenus en France par les sociétés étrangères, à l'exception de celles qui sont situées dans des pays liés à la France par une convention fiscale contenant une clause d'assistance administrative.

Lorsque les biens imposables, sont détenus par l'intermédiaire d'une personne morale interposée autre qu'une société immobilière de co-propriété, l'assiette de la taxe est réduite au prorata des droits détenus par la personne morale imposable dans la personne interposée.

La valeur des immeubles situés sur le territoire français, mais que la personne morale a affectés à son exploitation ou à l'exercice de sa profession, n'est pas incluse dans la base d'imposition (la même règle est applicable en matière d'impôt de solidarité sur la fortune).

Le taux de cette taxe est de 3 % de la valeur déclarée, c'est-à-dire de la valeur vénale. Le paiement s'effectue au moment du dépôt de la déclaration, au plus tard le 16 mai.

Les dettes et en particulier **les emprunts contractés** pour l'acquisition des immeubles **ne sont pas déductibles de l'assiette de la taxe**.

- ***Engagement prévu par le Code Général des Impôts***

Demande initiale de l'administration fiscale

L'article 3 du décret du 14 mai 1993, codifié sous l'article R.23.B.1 du Livre des procédures fiscales, précise les conditions dans lesquelles l'administration se prévaut de l'engagement visé au 3° de l'article 990 E du Code Général des Impôts à l'égard des personnes morales qui l'ont souscrit.

L'administration demande à la personne morale concernée (ou à son représentant) les renseignements et justifications que cette personne s'est préalablement engagée à fournir ; cette demande est effectuée par lettre recommandée avec accusé de réception. La personne morale dispose d'un délai de soixante jours, à compter de la réception de cette demande, pour fournir à l'administration l'ensemble de ces renseignements et justifications.

Conséquences d'une réponse insuffisante de la personne morale

Lorsque à l'issue du délai de soixante jours accordé à la personne morale, celle-ci a répondu à une demande de renseignements ou de justifications, mais de manière insuffisante, l'administration adresse à la personne concernée une mise en demeure d'avoir à compléter sa réponse. Cette mise en demeure indique les éléments de la réponse initiale à compléter ou à préciser et les justifications manquantes. Elle ouvre à la personne morale un délai de trente jours pour compléter sa réponse.

Si, dans le délai de trente jours imparti, la personne morale n'a pas répondu par écrit à la mise en demeure d'avoir à compléter sa réponse, ou que sa réponse reste toujours insuffisante (notamment parce qu'elle n'est pas accompagnée des justifications demandées), elle est considérée comme n'ayant pas rempli son engagement. En cas de réponse insuffisante à l'expiration de ce délai, en particulier pour absence de fourniture des justifications, le service informera la personne morale par lettre recommandée avec accusé de réception, du caractère insuffisant de sa réponse et de l'obligation qu'elle a de déposer, conformément aux dispositions de l'article R.23.B.1-3 du Livre des Procédures Fiscales, la déclaration n° 2476 mentionnée à l'article 990 F.

Incidences fiscales sur autres impôts

a) Cas des Immeubles attribués en jouissance gratuite aux associés personnes physiques.

Lorsqu'une personne morale effectivement assujettie à la taxe de 3 % laisse gratuitement à un ou plusieurs associés personnes physiques la jouissance d'un immeuble ayant supporté la taxe, il est admis que la valeur nette de l'avantage en nature ainsi consenti n'est pas prise en compte pour la détermination des résultats de la personne morale. La valeur nette de cet avantage ne constitue pas un revenu distribué au sens des articles 109 à 111 du Code général des Impôts et n'est pas soumise à l'impôt entre les mains du bénéficiaire.

Par suite, dans la mesure où la personne en cause se borne à laisser gratuitement à un ou plusieurs associés personnes physiques la jouissance d'immeubles ayant supporté la taxe, elle ne sera pas soumise à l'impôt sur les sociétés ou à l'impôt sur le revenu sur la valeur de l'avantage en nature considéré. Elle n'aura donc pas à produire la déclaration de ses résultats.

L'attribution de la jouissance gratuite des immeubles soumis à la taxe à un ou plusieurs associés personnes physiques sera indiquée dans la déclaration n° 2746 accompagnant le paiement de la taxe.

b) Situation au regard des droits de mutation à titre gratuit et de l'impôt de solidarité sur la fortune des associés de la personne morale assujettie à la taxe de 3 %.

Les personnes physiques domiciliées fiscalement hors de France, actionnaires, porteurs de parts ou autres membres des personnes morales qui ont été soumises à la taxe de 3 %, sont également assujetties, aux droits de mutation à titre gratuit et à l'impôt de solidarité sur la fortune, sous réserve des conventions fiscales internationales signées entre la France et certains États.

5. LE TRUST

De nombreux montages destinés à servir les finalités ci-dessus évoquées, le sont grâce aux trusts. Il est donc utile de connaître cette structure et d'étudier son évolution.

5.1 A L'ORIGINE ÉTAIT LE TRUST

Un schéma simple qui permettait à un *constituant (settlor)* de confier à un *gérant (trustee)* des valeurs ou des biens au profit d'un *bénéficiaire (beneficiary)*.

Très vite les possibilités du trust ont donné au constituant le pouvoir d'être également le bénéficiaire.

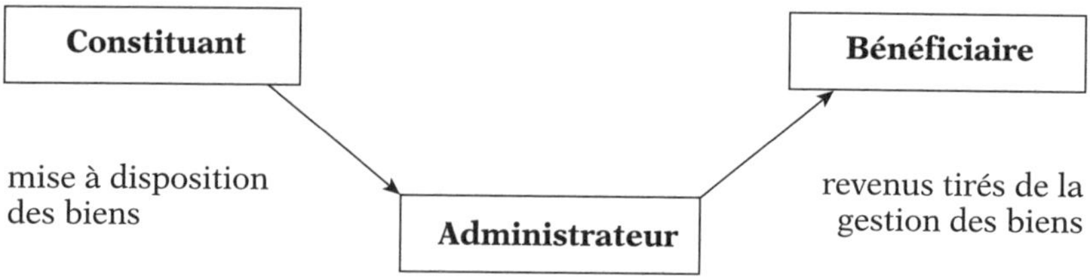

5.2 LA PREMIÈRE ÉVOLUTION DU TRUST

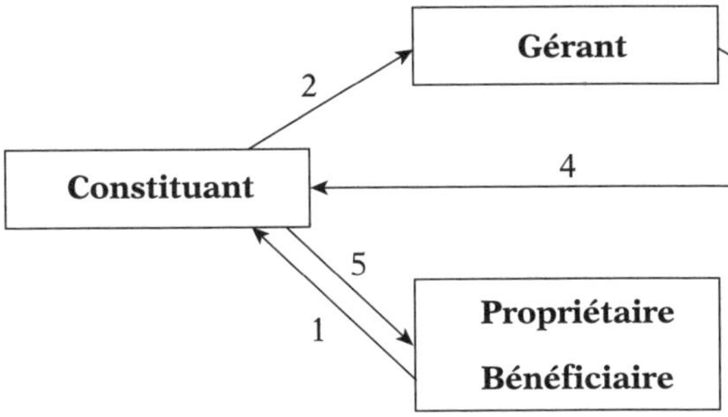

Explications :
(1) Le propriétaire bénéficiaire, non-résident, confie la gestion des biens ou des fonds au constituant.
(2) Le constituant confie officiellement le patrimoine au gérant.
(3) Le gérant attribue officiellement les bénéfices au bénéficiaire désigné.
(4) Le bénéficiaire désigné rétrocède les biens ou les fonds de façon occulte au constituant.
(5) Le constituant rétrocède discrètement les bénéfices au propriétaire bénéficiaire.

5.3 LE TRUST ALTERNATIF

Face aux investigations toujours plus poussées des administrations fiscales, mais également policières et juridiques, les experts financiers ont mis en place un montage plus complexe : le *trust alternatif* dans lequel le constituant se trouve « noyé » dans un groupe de personnes parmi lesquelles le gérant devra, à un moment donné, choisir le véritable bénéficiaire.

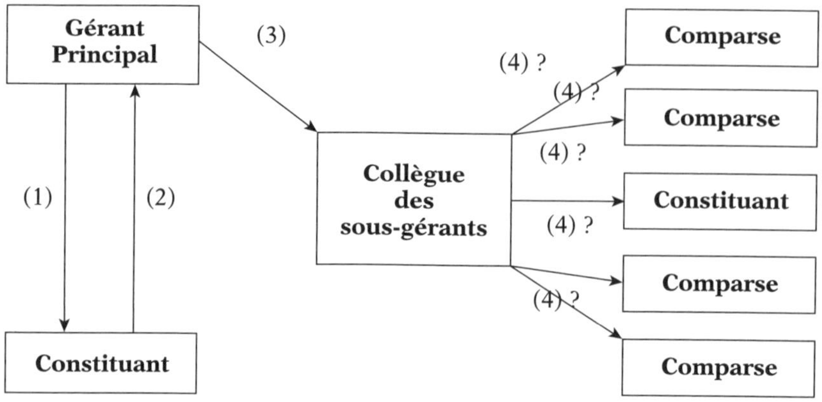

Explications :
(1) Engagement secret du gérant à désigner le constituant comme bénéficiaire.
(2) Le constituant confie le bien ou les fonds au gérant principal.
(3) Le gérant principal confie les bénéfices au collège des sous-gérants.
(4) Groupe de bénéficiaires possibles dans lequel se trouve « noyé » le constituant, véritable bénéficiaire des fonds.

5.4 LE TRUST ALTERNATIF COMPLEXE

Le trust alternatif, n'étant pas dans certains cas jugé assez efficace par les utilisateurs, a été modifié et compliqué pour arriver au *trust alternatif complexe*.

Dans ce montage, le gérant est conventionnellement lié à un collège de sous-gérants qui détermine entre plusieurs groupes de bénéficiaires possibles celui ou ceux vers lesquels les bénéfices seront dirigés.

Le constituant a signé un contrat avec les sous-gérants pour que ceux-ci désignent le bon groupe de sociétés holdings et un contrat a également été signé avec le constituant et d'autres personnes pour que ceux-ci renoncent aux fonds du constituant. Si le constituant se fait, de plus représenter par une société panaméenne, un **anonymat absolu** est garanti.

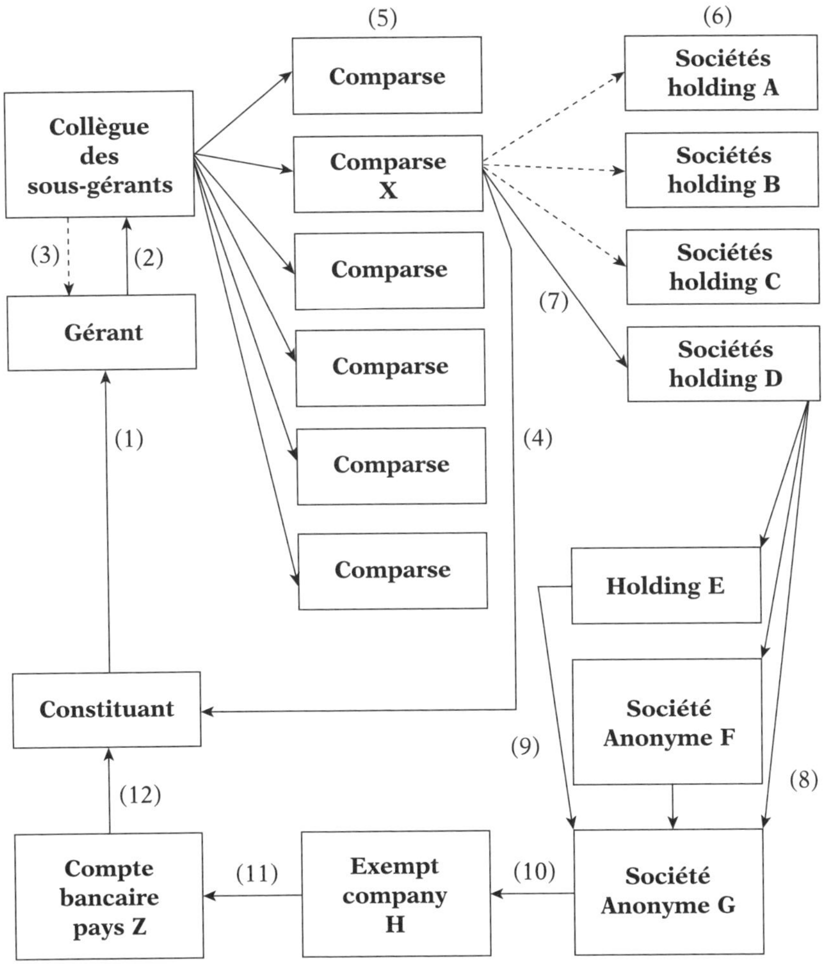

Explications :
(1) Le constituant confie ses biens ou ses fonds au gérant.
(2) Le gérant les transmet au collège de sous-gérants.
(3) Engagement secret de désigner le comparse X.
(4) Engagement secret de désigner le groupe de sociétés holdings D.
(5) Premier niveau de bénéficiaires possibles.
(6) Second niveau de bénéficiaires possibles.
(7) Rétrocession des biens ou fonds du comparse X au groupe de sociétés holdings D.
(8) Nouvelle rétrocession vers les sociétés E, F et G.
(9) La société anonyme G reçoit les fonds de E et F.
(10) La société G rétrocède à une exempt company.
(11) De H, l'argent est transféré sur un compte bancaire pays Z.
(12) Le constituant prélève les gains.

Le gros inconvénient de montages financiers tels que celui du trust alternatif complexe est son **coût** de mise en place et de maintien. Cependant, les sommes dépensées ne comptent pas pour les trafiquants et les fraudeurs, ce qui importe, c'est de blanchir.

Une variante de ce type de montage a été créée au Liechtenstein, la structure est analogue, mais le trust ou la fiducie est remplacé par une fondation.

CHAPITRE III

DE L'ÉVASION À LA FRAUDE INTERNATIONALE LES MOYENS DES ADMINISTRATIONS FISCALES POUR COMBATTRE CES PRATIQUES

1. L'ARME ANTI-ÉVASION, L'ARTICLE 155 A DU CGI

La Loi de Finances pour 1973 avait prévu, dans son article 18 codifié à l'article 155 A du CGI, de mettre un terme à des pratiques d'évasion fiscale qui profitaient le plus souvent à des professionnels du spectacle ou du sport.

Les sommes destinées à rémunérer les prestations de services de ces personnes n'étaient pas versées directement à celles-ci, mais à des sociétés établies à l'étranger, de préférence dans des pays à faible fiscalité, dont l'apparente activité consistait à fournir des services à ces mêmes personnages.

Ces pratiques avaient pour but de soustraire à l'impôt français la plus grande partie des rémunérations en cause.

1.1 L'ARTICLE 155 A AUJOURD'HUI

Le dispositif premier ayant été loin de donner les résultats espérés, le législateur a modifié les règles de l'article 155 A pour lui donner une plus grande efficacité, de plus l'Administration dans une instruction de 1982 a longuement commenté le nouveau texte.

Art. 155 A du CGI :

« 1. Les sommes perçues par une personne domiciliée ou établie hors de France en rémunération de services rendus par une ou plusieurs personnes domiciliées ou établies en France sont imposables au nom de ces dernières :

« – soit lorsque celles-ci contrôlent directement ou indirectement la personne qui perçoit la rémunération de services ;

« – soit lorsqu'elles n'établissent pas que cette personne exerce de manière prépondérante, une activité industrielle ou commerciale, autre que la prestation de services ;

« – soit, en tout état de cause, lorsque la personne qui perçoit la rémunération des services est domiciliée ou établie dans un État étranger ou un territoire situé hors de France où elle est soumise à un régime fiscal privilégié au sens de l'article 238 A du CGI. »

« 2. Les règles prévues au 1. ci-dessus sont également applicables aux personnes domiciliées hors de France pour les services rendus en France. Dans ce cas par dérogation aux articles 182 A et 182 B du CGI, l'impôt est établi dans les conditions prévues à l'article 197 A du même code et recouvré par voie de rôle. »

« 3. La personne qui perçoit la rémunération des services est solidairement responsable, à hauteur de cette rémunération, des impositions dues par la personne qui les rend. »

Exemple A : L'article 155 A du CGI

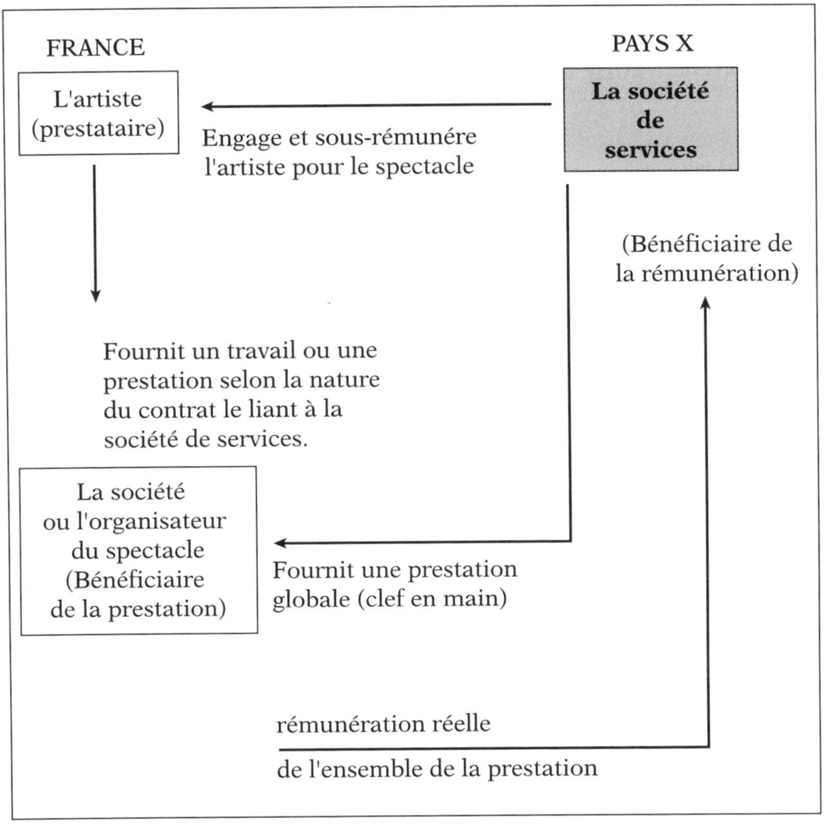

Exemple B : L'article 155 A du CGI

Exemple illustré, flux d'argent :
Gala budget 100 000 € pour le spectacle, durée 2 h 30, 1 artiste, 6 musiciens.

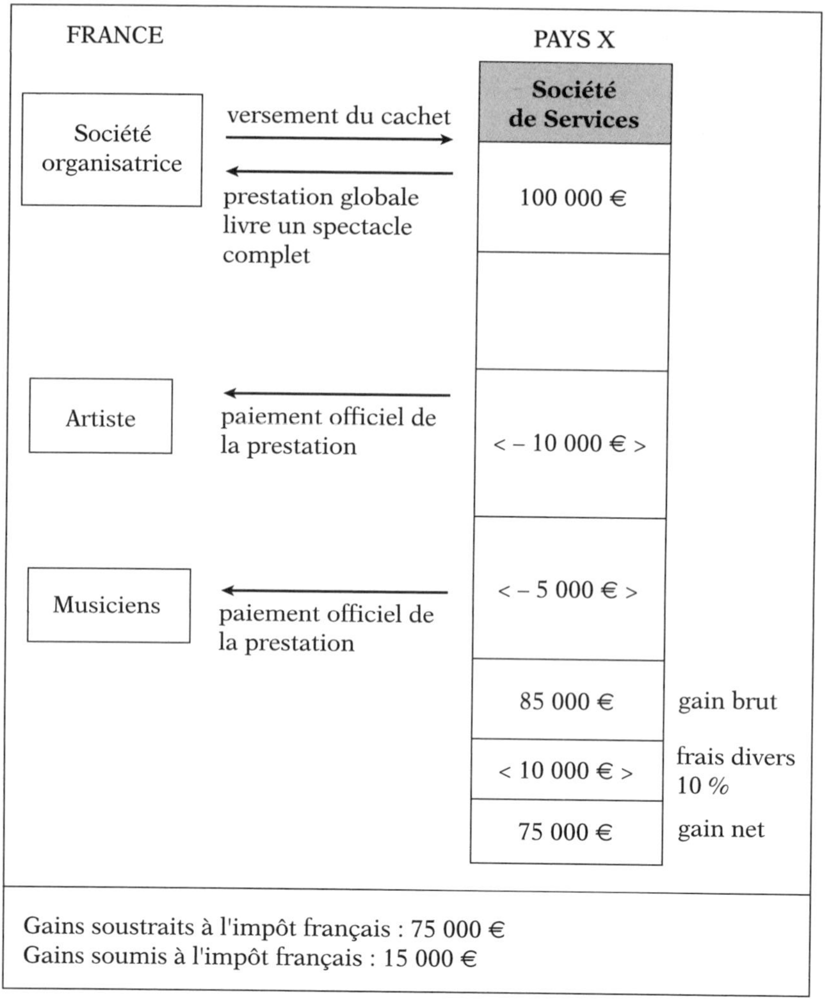

• ***Champ d'application et mécanisme***

Le prestataire des services

Le prestataire de services peut être soit une personne physique domiciliée en France ou hors de France, soit une personne morale (société, association ou fondation) dont le siège est situé en France ou hors de France.

Le bénéficiaire de la rémunération

Le bénéficiaire de la rémunération peut être une personne physique domiciliée hors de France ou une personne morale ayant son siège hors de France.

La loi prévoit des règles différentes selon que le pays d'implantation du bénéficiaire de la rémunération est ou non un pays à régime fiscal privilégié, au sens de l'article 238 A du CGI (voir annexe).

Le bénéficiaire des rémunérations est domicilié ou établi dans un paradis fiscal (État à fiscalité privilégiée)

L'imposition des sommes versées par le bénéficiaire s'effectue de plein droit au nom du prestataire des services lorsque celui-ci a son domicile fiscal en France, s'il réside hors de France seules sont imposables à son nom les sommes qui se rapportent à des services rendus en France.

L'actuelle rédaction de l'article 155 A du CGI en supprimant la formule « personnes morales ayant leur siège dans un pays qui n'est pas lié à la France par une convention fiscale en matière d'IR » étend le champ d'application de l'article 155 A du CGI aux résidents de certains États qui, bien que liés à la France par une convention destinée à éviter les doubles impositions en matière d'IR, peuvent être regardés comme des pays à fiscalité privilégiée.

Le bénéficiaire des rémunérations est domicilié dans un État à fiscalité non privilégiée

En pareil cas, l'article 155 A est applicable et l'imposition des sommes versées pourra être effectuée au nom du prestataire des services dès lors que le bénéficiaire des rémunérations satisfait à l'une des deux conditions suivantes :

- être placé sous le contrôle du prestataire ;
- ne pas exercer de manière prépondérante une activité industrielle ou commerciale autre que la prestation de services.

Application de l'article 155 A
bénéficiaire résident d'un État
et qui n'est pas à régime fiscal privilégié

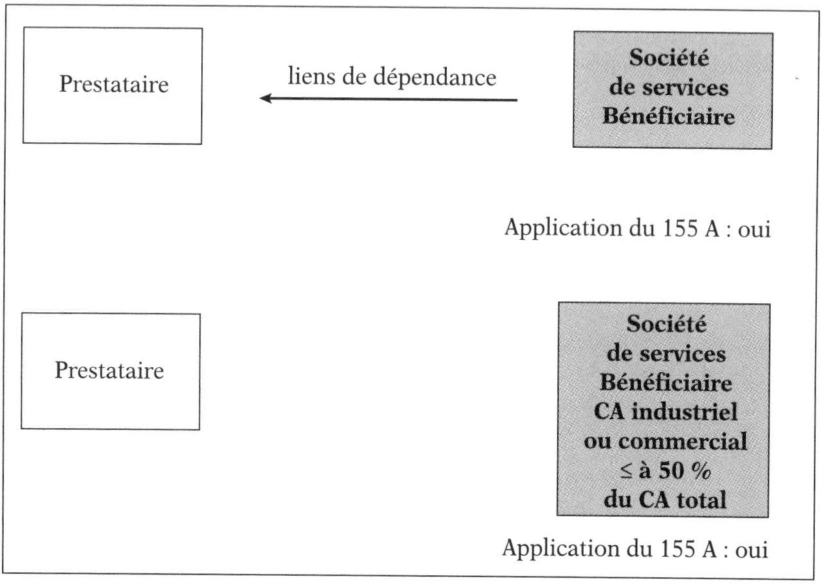

L'article 155 A du CGI : Mécanisme

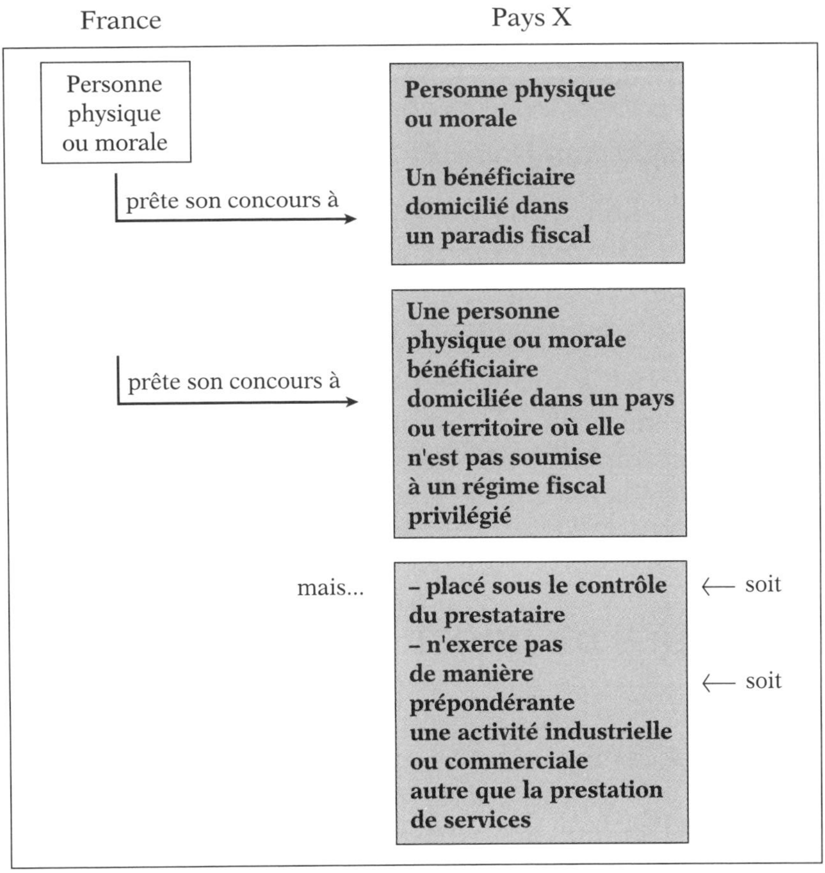

• ***Cas particulier***

Si la nouvelle rédaction de l'article 155 A exclut l'application des conventions fiscales internationales, on se doit de signaler une exception concernant les professionnels du sport et du spectacle, en effet les conventions les plus récentes signées par la France prévoient une disposition comparable à l'article 155 A auquel elle se substitue.

La rémunération correspondant à l'activité exercée par l'artiste ou le sportif perçue par le bénéficiaire, est imposable dans l'État où l'activité a été exercée.

Si l'activité est exercée dans l'autre État signataire de la convention, on doit distinguer deux situations :

Artiste résidant en France :

Rémunération imposable en France mais imputation sur l'impôt français d'un crédit d'impôt correspondant à l'impôt payé dans le pays étranger.

Artiste résidant dans l'autre État :

Rémunération correspondant à l'exercice d'une activité dans l'autre État non imposable en France.

• ***Imposition des sommes en cause***

L'article 155 A ayant pour effet de « gommer » l'existence du bénéficiaire des rémunérations, le prestataire de services est imposé à l'IR dans la catégorie de revenus qui correspond à la nature de l'activité exercée (BNC, TS, BIC).

2. L'ABUS DE DROIT

2.1 PRINCIPE

Lorsque l'administration fiscale applique la procédure de répression des abus de droit (article L. 64 du Livre des Procédures Fiscales), le contribuable « coupable » doit non seulement acquitter l'impôt qu'il voulait éluder, le prix du temps, intérêts de retard (0,75 % par mois) mais également une pénalité égale à 80 % des droits éludés.

Art. L. 64. Ne peuvent être opposés à l'administration des impôts les actes qui dissimulent la portée véritable d'un contrat ou d'une convention à l'aide de clauses :

a) Qui donnent ouverture à des droits d'enregistrement ou à une taxe de publicité foncière moins élevés ;
b) Ou qui déguisent soit une réalisation, soit un transfert de bénéfices ou de revenus ;

c) Ou qui permettent d'éviter, en totalité ou en partie, le paiement des taxes sur le chiffre d'affaires correspondant aux opérations effectuées en exécution d'un contrat ou d'une convention.

L'administration est en droit de restituer son véritable caractère à l'opération litigieuse. En cas de désaccord sur les redressements notifiés sur le fondement du présent article, le litige est soumis, à la demande du contribuable, à l'avis du comité consultatif pour la répression des abus de droit. L'administration peut également soumettre le litige à l'avis du comité dont les avis rendus feront l'objet d'un rapport annuel.

Si l'administration ne s'est pas conformée à l'avis du comité, elle doit apporter la preuve du bien-fondé du redressement.

Art. L. 64 B. La procédure de répression des abus de droit définie à l'article L. 64 est applicable au contrôle de l'impôt de solidarité sur la fortune.

Art. L. 64 B. La procédure définie à l'article L. 64 n'est pas applicable lorsqu'un contribuable, préalablement à la conclusion d'un contrat ou d'une convention, a consulté par écrit l'administration centrale en lui fournissant tous les éléments utiles pour apprécier la portée véritable de cette opération et que l'administration n'a pas répondu dans un délai de six mois à compter de la demande (c'est la procédure dite du rescrit fiscal).

Le comité consultatif pour la répression des abus de droit, créé par la loi de 1987, s'est réuni pour la première fois en 1990 ; il avait à traiter 25 dossiers, dont une partie correspondait à des affaires plus anciennes. En 1991, le comité consultatif a été saisi de 13 cas, nombre qui a triplé depuis, pour atteindre 38 cas en 2004. Le domaine de prédilection de l'abus de droit est celui des droits d'enregistrement, la moitié des dossiers ont porté sur des donations déguisées : pour échapper aux droits de donation à 55 % entre un neveu et sa tante, ou 60 % lorsqu'il n'existe aucun lien de parenté, il est tentant de préférer payer uniquement les droits d'enregistrement soit un taux variable de 6 % à 8 % selon les régions à régler dans le cadre d'une vente.

2.2 ABUS DE DROIT ET ABERRATIONS DE GESTION FISCALE

Dans les « montages » internationaux coupables, le plus souvent, les choses sont faites d'une façon telle que l'abus de droit est manifeste, ces aberrations de gestion conduisent le « fraudeur » à bâtir son château sur du sable.

Tel est le cas d'une artiste française et d'un producteur étranger qui avaient interposé entre eux une société dont l'unique objet était de dissimuler une partie non négligeable des sommes effectivement payées par le producteur.

Le contrat de travail établi entre la société et l'artiste stipulait un salaire fixe garanti, très nettement inférieur aux cachets prévus entre le producteur et la société, alors que celle-ci ne disposait en Suisse, lieu de son siège social, d'aucun moyen lui permettant l'exercice réel de la profession d'imprésario pour l'engagement des artistes.

Les mêmes « aberrations de gestion » ont conduit le juge de l'impôt à reconnaître qu'un contrat passé par un romancier français résident, avec un « Anstlat » du Liechtenstein, dissimulait de fait un transfert de revenus à l'étranger en vue d'éviter une grande partie des impositions auxquelles ces revenus auraient dû être soumis. En effet, le cocontractant étranger, bien qu'ayant touché 75 % des droits d'auteur revenant à l'écrivain, n'avait absolument rien fait pour remplir le double engagement qu'il avait pris de promouvoir l'auteur et de lui fournir conseils et idées littéraires.

2.3 SANCTION EN CAS D'ABUS DE DROIT

Les actes constituant un abus de droit sont inopposables à l'administration. De plus, les abus de droit sont sanctionnés par une amende égale à 80 % de l'imposition qui aurait été exigée normalement, en l'absence de « montage ».

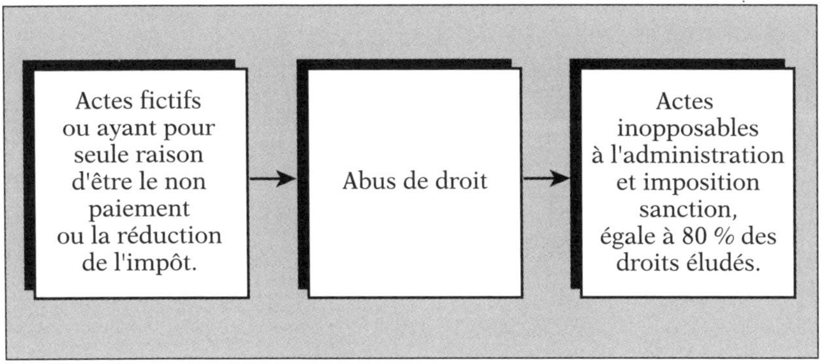

2.4 *DONATION DÉGUISÉE EN VENTE*

La donation déguisée en vente est un grand classique de l'abus de droit.

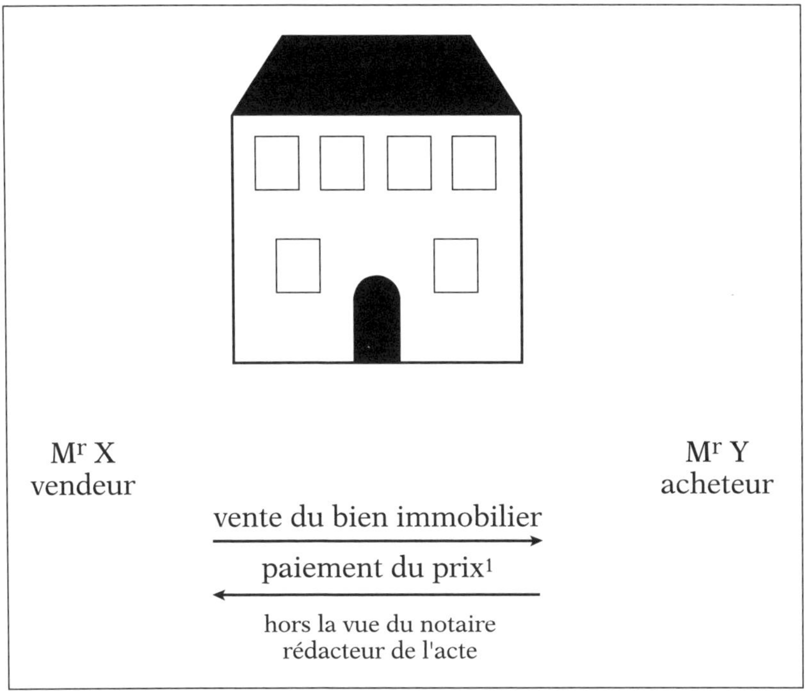

1. Dans les faits, Y ne s'acquittera jamais de sa dette envers X.

• *Scénario*

Acheteur et vendeur sont sans lien de parenté, mais M^r X est le parrain de M^r Y et n'a pas d'héritier. Une donation serait taxée à 60 % de la valeur de l'immeuble, une simple vente supportera les droits d'enregistrement, la taxe régionale sur les mutations d'immeubles, soit environ 8 % du prix (tarif variable selon les régions), l'économie réalisée est donc de 52 %.

• *Action*

Il sera facile à l'administration fiscale de prouver l'absence de paiement du prix de la vente.

L'opération sera requalifiée, une pénalité de 80 % viendra s'ajouter au montant des droits à payer (les parties à l'acte, dans notre exemple X et Y sont solidaires du paiement des droits). De plus, cette soustraction volontaire et frauduleuse au paiement de l'impôt, pourra entraîner des poursuites correctionnelles, amende de 750 à 37 500 €, emprisonnement de 1 à 5 ans.

• *Addition*

En supposant une donation déguisée en vente, pour un prix de 500 000 €, d'un bien immobilier ayant donné lieu au paiement par l'acheteur de 6 % au titre de l'enregistrement.

Assiette	500 00
Droits sur la donation : 60 %	= 300 000
Déduction des droits acquittés lors de la « vente » : 6 %	= < 30 000 >
Rappel des droits	270 000
Pénalité de 80 % (abus de droit)	+ 216 000
Total des droits et pénalités*	= 486 000 €

* Hors intérêts de retard à 0,75 % par mois soit 9 % l'an.

2.5 ÉQUIVALENTS ÉTRANGERS

2.5.1 TRAITEMENT DE L'ABUS DE DROIT EN ALLEMAGNE

La théorie de l'abus de droit est développée en Allemagne dans l'article 42 AO, permettant à l'administration de ne pas reconnaître les constructions juridiques qualifiables d'abus.

L'article 42 précise qu'« Il n'est pas admis de tourner la législation fiscale en abusant de possibilités juridiques de manipulation. Quand il existe un abus, l'impôt est exigible de la même façon que si la situation juridique concordait avec la réalité économique ».

Cette disposition a donné lieu à une jurisprudence et une réglementation administrative importantes.

Les conditions permettant à l'administration de requalifier une opération sont la mise en évidence de l'objectif purement fiscal de la construction juridique ainsi que la preuve de son caractère déraisonnable au regard d'une pratique économique normale.

L'abus de droit, une fois démontré, a pour sanction le paiement de la différence entre l'impôt qui aurait normalement été dû et l'impôt qui a été acquitté (plus pénalité de retard).

2.5.2 THÉORIE DE L'ABUS DE DROIT EN SUISSE

La Suisse reconnaît depuis longtemps la notion d'abus de droit en matière fiscale. L'administration fiscale suisse peut refuser de reconnaître une situation juridique génératrice d'une économie d'impôt pour le contribuable si elle est en mesure de prouver que celui-ci a employé un moyen étrange et anormal, qui ne peut pas être justifié par les circonstances et qui ne correspond pas à la réalité économique. Il y a alors présomption d'une volonté d'évasion fiscale de la part du contribuable qui doit payer le complément d'impôt.

Si l'administration n'apporte pas cette preuve, elle doit alors respecter les formes juridiques du droit civil choisies par le contribuable.

2.5.3 NOTION D'ABUS DE DROIT AU ROYAUME-UNI

Traditionnellement, les tribunaux britanniques ont rejeté la théorie de l'abus de droit, aussi bien en matière civile que fiscale, la règle de droit constituant une loi entre les parties que la puissance publique ne peut, en principe, remettre en cause.

Pourtant, depuis le milieu des années 80, on assiste avec la mise en place de la notion d'effectivité commerciale à une fracture dans ce rejet de l'abus de droit. Suivant la notion précitée, si des transactions sont effectuées uniquement pour éluder l'impôt et sont par ailleurs dépourvues de toute réalité économique ou commerciale, elles ne doivent avoir aucune valeur au plan fiscal.

Jusqu'à présent, le test de l'effectivité commerciale au Royaume-Uni a seulement été appliqué à une série de transactions, dans le but d'annuler totalement l'ensemble ou de traiter plusieurs étapes comme sans valeur au plan fiscal, mais jamais encore à des opérations réalisées entre personnes physiques.

2.5.4 ABUS DE DROIT EN ITALIE

Il n'y a pas, à l'heure actuelle, de théorie de l'abus de droit qui soit reconnue en Italie.

2.5.5 ABUS DE DROIT AU JAPON

Les articles 11 et 12 de la loi sur l'impôt reconnaissent la prédominance du fond sur la forme en matière fiscale.

Cette doctrine se rapproche de la notion d'abus de droit dans la mesure où l'administration japonaise a la faculté d'ignorer les phénomènes artificiels apparaissant à la surface d'une transaction donnée en faveur de la substance économique existant derrière.

Cependant, sa définition est encore trop floue et ses limites trop strictes pour qu'elle puisse réellement constituer une théorie similaire à celle de l'abus de droit.

2.5.6 ABUS DE DROIT AUX ÉTATS-UNIS

Comme au Royaume-Uni, on parle aux États-Unis de l'effectivité commerciale d'une construction juridique.

Mais l'*Inland Revenue Service* va beaucoup plus loin que son homologue britannique et la large application jurisprudentielle connue par cette notion au sein de l'*Internal Revenue Code* a donné naissance à une véritable théorie de l'abus de droit, très proche de la conception française.

3. L'ARTICLE 123 *BIS* DU CGI

Depuis l'imposition des revenus de 1999, le législateur français a pris pour les personnes physiques des dispositions analogues à celles de l'article 209 B du Code Général des Impôts applicables aux personnes morales (voir en Annexe 3, le texte de l'article).

3.1 PERSONNES CONCERNÉES

Sont seules visées les personnes physiques domiciliées fiscalement en France au sens de l'article 4 B du CGI.

3.2 PARTICIPATIONS CONCERNÉES

Seules sont concernées les participations détenues dans des structures implantées dans des États à régime fiscal privilégié, peu importe la forme de la structure établie à l'étranger (société, fiducie, trust, holding, anstalt, fondation, association).

4. LE CONTRÔLE DU MOUVEMENT DE CAPITAUX ET DES TRANSFERTS

A un régime d'autorisation préalable s'est substitué un régime déclaratif, généralement peu connu des personnes physiques.

Textes de référence : décrets du 9 mars 1989, du 29 décembre 1989, 15 janvier 1990 et 18 décembre 1990.

Ces textes distinguent deux grandes familles de transferts, les transferts scripturaux et les transferts physiques.

4.1 TRANSFERTS SCRIPTURAUX

Les mouvements de cette nature entre la France et l'étranger s'effectuent par l'intermédiaire d'établissements bancaires, financiers ou de crédit qui relèvent des articles 1 et 99 de la loi du 24/01/1984.

Les opérations de mouvements de fonds entre France et étranger ou entre résidents et non-résidents, réalisées en France directement à l'étranger (règlement, encaissement, etc.) doivent faire l'objet de déclarations statistiques adressées mensuellement à la Banque de France.

Les résidents ne sont tenus à aucune obligation déclarative lorsque le montant mensuel cumulé des règlements effectués avec l'étranger ou avec des non-résidents (sans intermédiaire financier) n'excède pas 15 200 € (par an).

Les infractions à ces dispositions relèvent de l'article 469 du Code des douanes.

4.2 TRANSFERTS INFORMATIQUES

La procédure des transferts scripturaux, ne protège pas des virements instantanés et sans trace écrite, dus aux moyens informatiques et de télécommunications modernes.

4.3 TRANSFERTS PHYSIQUES

4.3.1 PRINCIPE

L'article 23 de la loi du 12 juillet 1990 sur le blanchiment de certains capitaux renvoie à l'article 98 de la Loi de Finances pour 1990 en indiquant que la méconnaissance des obligations énoncées au I de l'article 98 de la Loi de Finances est punie de la confiscation du corps du délit ou à défaut d'une somme en tenant lieu et d'une amende égale au minimum au quart et au maximum au montant de la somme en cause au moment de l'infraction ou de la tentative d'infraction.

Les personnes physiques qui transportent des sommes titres ou valeurs ont donc bien une obligation déclarative en douane au moment du passage de la frontière.

4.3.2 DÉFINITION DES SOMMES, TITRES OU VALEURS

- Billets de banque.
- Pièces de monnaie.
- Chèques avec ou sans identification de bénéficiaire.
- Chèques au porteur.
- Chèques de voyage.
- Post-chèques.
- Effets de commerce et lettres de crédit non-domiciliées.
- Bons de caisse anonymes.
- Valeurs mobilières et autres titres de créances négociables au porteur ou endossables.
- Lingot d'or, pièces d'or ou d'argent cotés sur un marché officiel.

4.3.3. PERSONNES TENUES DE DÉCLARER

Toute personne physique, résidente ou non-résidente qui transporte à destination ou en provenance de l'étranger des sommes titres ou valeurs lorsque leur montant est égal ou supérieur à 7 600 €. L'obligation déclarative existe également de France à destination des TOM et des collectivités territoriales de Mayotte et de Saint-Pierre-et-Miquelon.

On notera également que la Principauté de Monaco entre aussi dans le champ d'application de l'obligation déclarative ainsi que les îles de Saint-Martin et Saint-Barthélemy.

4.3.4 FORME DE DÉCLARATION

La déclaration doit être présentée par écrit en 3 exemplaires à l'aide de formulaires se trouvant dans tous les bureaux des douanes (cf. annexe 1) à défaut, la déclaration pourra être rédigée sur papier libre, toujours en 3 exemplaires.

Les mêmes obligations et les mêmes sanctions pèsent sur les personnes physiques qui importent ou exportent par voie postale des sommes titres ou valeurs d'un montant supérieur ou égal à 7 600 € (cf. formulaire C2/CP3 en annexe 1).

4.3.5 PRÉSOMPTION DE REVENUS

Sauf preuve contraire, les sommes, titres ou valeurs transférés vers l'étranger en provenance de l'étranger constituent des revenus imposables lorsque le contribuable ne s'est pas acquitté de son obligation déclarative (article 1649 *quater* A du CGI).

Exemple du coût fiscal de l'absence de déclaration d'une somme de 100 000 € à l'importation en France :

– Saisie de la somme en cause	100 000 €
– Amende égale au quart de la somme	+ 25 000 €
– Supplément d'impôt sur le revenu : 100 000 € en supposant que le contribuable soit déjà dans la dernière tranche du barême 48,09 % (hors pénalités de retard)	+ 48 090 €
Total	173 090 €
	(hors pénalités de retard et prélèvements sociaux.)

5. LE DISPOSITIF FRANÇAIS DE CONTRÔLE DES EXPORTATIONS DE BIENS CULTURELS

La loi n° 92 1477 du 31.12.1992 (*JO* du 5.01.1993) relative aux produits soumis à certaines restrictions de circulation précise les règles applicables en la matière. Ce texte précise également la complémentarité entre les services de douane, de police et de gendarmerie.

C'est à la fois une adaptation aux règles communautaires et une modernisation des textes antérieurs dont la loi du 23 juin 1941 adoptée sous le régime de Vichy.

5.1 DÉFINITION FRANÇAISE DES BIENS NATIONAUX

ARTICLE 4 DE LA LOI DU 31 12 1992

« Les biens appartenant aux collectivités publiques, les biens classés en application de la loi du 31 12 1913 sur les monuments historiques ou de la loi du 3 janvier 1979 sur les archives ainsi que les autres biens qui présentent un intérêt majeur pour le patrimoine national au point de vue de l'histoire de l'art ou de l'archéologie sont considérés comme « trésors nationaux ».

« Sauf à des fins de restauration ou d'expertise ou encore de participation à une manifestation culturelle ces biens ne peuvent obtenir le certificat permettant leur expédition hors du territoire national. »

5.2 CONTRÔLE D'EXPORTATION DES BIENS CULTURELS

Le contrôle s'effectue au regard d'un certificat délivré par l'autorité administrative. Sont concernées toutes les exportations hors du territoire douanier (Union Européenne ou hors Union Européenne). Ce certificat atteste que le bien en cause n'a pas le caractère de trésor national. Il est valable cinq années.

Le refus de délivrance porte ses effets pendant 3 ans. Le refus ne peut intervenir que suite à un avis motivé d'une commission comprenant des représentants de l'État et des personnes qualifiées.

5.3 SANCTIONS

Celui qui aura exporté ou tenté d'exporter définitivement un trésor national, exporté ou tenté d'exporter temporairement un trésor national sans avoir respecté la procédure d'autorisation, exporté ou tenté d'exporter un bien culturel (au sens de l'art. 5) sans avoir obtenu le certificat, sera puni d'un emprisonnement de deux ans et d'une amende de 456 000 € (art. 13).

DEUXIÈME
PARTIE

LES PARADIS FISCAUX POUR PERSONNES PHYSIQUES : DE L'ILLÉGALITÉ À L'IMMUNITÉ

CHAPITRE I

DES NOMADES AUX HORS LA LOI

1. PARADIS FISCAUX : LA NOUVELLE DONNE

Depuis 1990, les États-Unis ont imposé à certains « États », une coopération en matière d'argent sale, plus spécialement en matière d'argent provenant du trafic de stupéfiants. C'est le cas des îles Caïman où l'impôt n'existe sous aucune forme, le secret bancaire est jalousement gardé et les institutions financières de toutes sortes sans égales. En 1990 le *mutual legal assistance treaty*, conclu entre Washington et le gouverneur de la reine, est venu bousculer quelque peu le charme discret de ce paradis pour personnes physiques.

Ce document prévoit l'échange d'informations concernant les affaires de trafics de stupéfiants, délits d'initiés, racket et escroquerie.

De même, aux Bahamas, un traité d'assistance judiciaire réciproque avec les États-Unis, ouvre aux autorités américaines, le droit d'obtenir des informations « *where certain indictable offences have been commited* » quand certains délits punissables ont été commis.

Cet exemple est significatif de l'attitude des États-Unis, le grave problème du blanchiment d'argent, principalement celui de la drogue, les obligeant à livrer une guerre sans merci contre les paradis fiscaux puisque c'est de ceux-ci que partent les opérations de « prélavage » qui conduisent au blanchiment.

Il n'est pas inutile de décrire au lecteur le cheminement d'un circuit de blanchiment traditionnel, tout simplement pour lui faire comprendre l'utilité de certaines lois, peut-être également pour lui faire prendre conscience que certains montages, certaines origines de fonds sont à regarder avec méfiance et prudence.

1.1 LE CIRCUIT TYPE

Le circuit type peut se concevoir en six étapes avec à l'intérieur des variantes utilisées en fonction de l'origine des drogues vendues ou en fonction des finalités recherchées (Bourse, commerces, immobilier, matières précieuses, œuvres d'art).

Étape 1 : L'argent sale

Les profits du commerce du crime organisé sont stockés en numéraire et en monnaie forte, généralement en US $. Les cartels et les gangs spécialisés dans la vente de drogue engrangent leurs profits sur leur territoire national.

Étape 2 : L'évasion

L'argent est transporté, toujours en espèce et bien sûr clandestinement, dans les Paradis fiscaux (Antilles, Europe ou Asie). Certaines organisations criminelles utilisent une formule plus originale en faisant circuler cet argent dans leur pays d'origine à travers des entreprises complices dont l'activité nécessite de « brasser des espèces », casinos, bureaux de change, officines de paris, agences de voyages, les gains « fictifs » prennent alors la même destination que dans le premier cas, le paradis fiscal. Mais si jamais la filière est mise à jour, il s'agira d'un blanchiment d'argent de la fraude fiscale et non d'une activité criminelle.

Étape 3 : Le prélavage

Des sociétés relais font circuler l'argent fractionné en petites quantités pour brouiller les pistes et ne pas attirer l'attention.

Étape 4 : L'essorage

L'argent rentre dans le système financier, soit sur des comptes bancaires d'hommes de paille, soit de sociétés ouvertes dans des paradis fiscaux opaques mais plus respectables que ceux de la 2e étape.

Étape 5 : Le lavage

L'argent converge maintenant vers des places financières majeures, géré par des institutions parfaitement légales, mais sous influence. Les sommes de départ étape n° 1 sont reconstituées, le coût financier de l'opération est analysé.

Étape 6 : L'argent propre

L'argent évolue en toute liberté dans l'économie mondiale à la disposition de ses propriétaires d'origine, qui sont désormais des hommes d'affaires ou des financiers respectables.

1.2 LES CIRCUITS SPÉCIFIQUES

Il existe de multiples combinaisons pour blanchir l'argent, certains circuits ne sont, dit-on, utilisés qu'une seule fois, disons plutôt qu'ils sont utilisés ponctuellement en laissant un intervalle de temps important entre deux opérations.

Nb : Depuis les événements du 11 septembre 2001, la lutte contre les réseaux terroristes, a obligé les grands États à renforcer la surveillance de certains « Paradis Fiscaux » peu soucieux de l'origine des fonds qui leurs sont confiés.

2. LES NOMADES FISCAUX

Toute personne appelée par son travail, ou par sa volonté propre, à tourner autour du monde est un nomade fiscal. Cette catégorie constitue un souci constant des administrations et est à la source de multiples conflits et contentieux.

2.1 LES NOMADES INVOLONTAIRES

Depuis longtemps, artistes et sportifs constituent une catégorie itinérante de contribuables. Les chefs d'orchestre ou les tennismen professionnels se voient attribuer une résidence fiscale soit selon leur nationalité, soit selon leur choix prédéterminé, mais en réalité ils ne passent jamais sur douze mois consécutifs les sacramentels 183 jours. Le plus souvent dans chaque lieu où ils touchent des revenus liés à leur prestation (cachet, prix, etc.), l'administration locale perçoit par l'intermédiaire de leur impressario ou de leur agent une retenue à la source. Dans leur pays de résidence fiscale permanente, sur leur déclaration annuelle et universelle, ils peuvent imputer sur le montant de leur impôt ces différentes retenues.

Mais si leurs élections fiscales se situent volontairement dans des paradis fiscaux (État à fiscalité privilégiée) des problèmes peuvent surgir au regard des législations de leur pays d'origine ou de leur résidence effective (on connaît les problèmes des Suédois Ingmar Bergman et Bjorn Borg, de l'Allemand Herbert Von Karajan ou de l'Italien Benedetti-Michelangeli).

Les salariés expatriés, liés par contrat de travail à une entreprise qui réalise des chantiers, des montages d'usines clés en main, de la recherche, de la prospection puis de l'exploitation de minerais ou d'hydrocarbures, doivent éviter la double imposition liée d'une part à leur nationalité, au domicile de leur famille, au lieu de résidence, et d'autre part au lieu de leurs activités rémunérées.

Cependant l'émergence de cas de salariés contraints par un employeur étranger à se retrouver dans une situation inconfortable (salaires versés par des officines off shore sur des comptes bancaires dans des pays aux systèmes fiscaux accueillants) constitue un facteur d'instabilité dans les relations internationales et de risques involontairement subis par les contribuables.

2.2 LES NOMADES VOLONTAIRES

La volonté irrépressive d'échapper à tout impôt constitue parfois « The most exciting sport for a man ». Il existe une catégorie au demeurant peu nombreuse de personnes physiques décidées souvent depuis leur plus jeune âge à tourner autour du monde sans résidence fiscale fixe. Cela implique de gros revenus, si possible les plus liquides qui soient, et un certain goût pour les voyages et les départs hâtifs. Ces comportements relevant de la névrose et de l'obsession conduisent certains grands hôtels de luxe à réserver des suites à ces nomades volants afin de les accueillir pour des périodes plus ou moins brèves. En l'occurrence, l'illégalité se paie deux fois : d'abord par un train de vie quotidien somptuaire (ce qui permet aux fiscs locaux de se « venger » par l'intermédiaire des taxes indirectes), ensuite parce qu'un jour il faut bien, l'âge aidant, se fixer. Dès lors, seules des îles aux Caraïbes ou dans le Pacifique peuvent abriter nos « flying Dutchmen ». Il faudra alors n'aimer plus que le soleil, la pêche au gros, les histoires de fraudeur et attendre la fin.

3. LES HORS LA LOI

Contrairement à ce que l'on pourrait croire, la race des illégaux n'est pas en voie de disparition. Dans les sociétés hautement industrialisées où la pression fiscale est forte, la tentation est grande, surtout pour les Latins, de jouer sur deux registres : l'un de résident français par exemple, l'autre d'investisseur à l'étranger, la rémunération des investissements à l'étranger étant, comme il se doit, « oubliée » lors de l'établissement de la déclaration des revenus. Les plus stupides n'hésitant pas, lorsqu'ils ont un besoin urgent d'une forte somme d'argent, à rapatrier une partie de ces avoirs illégaux pour investir en France.

CHAPITRE II

LES INTOUCHABLES

1. LA « DÉFISCALISATION »

1.1 LA « DÉFISCALISATION » À LA FRANÇAISE

Certains « stratèges » de la fiscalité ont inventé ce terme qui ne correspond juridiquement et fiscalement à rien, mais qui, comme par magie, évoque pour le commun des contribuables importants, beaucoup. Ce mécanisme se traduit dans ses effets fiscaux soit par une réduction de l'assiette imposable, soit par une réduction d'impôt.

Alchimie subtile, terminologie ésotérique pour un mécanisme simple qu'il convient ici d'expliquer. La fiscalité française offre à des contribuables lourdement imposés, la possibilité de prendre en considération pour le calcul de leur impôt sur le revenu tels investissements immobiliers, telles dépenses d'entretien ou tels intérêts d'emprunts, ces éléments manipulés avec un minimum d'habileté vont engendrer un déficit fiscal (ou une minoration directe) venant en déduction du revenu global ou de l'impôt à payer. Il est donc parfaitement possible de supprimer grâce à ces mesures tout ou partie de la charge d'impôt sur le revenu d'une personne physique.

Les incitations à la « défiscalisation » des hauts revenus sont nombreuses :

- Loi Malraux pour les investissements immobiliers dans des secteurs ad-hoc, incitant l'investissement dans de l'ancien haut de gamme,
- Loi de Robien incitant à l'investissement locatif dans l'immobilier neuf et ancien,
- Châteaux et demeures classés Monuments Historiques ou ISMH [1],
- Loi Girardin en faveur des investissements dans les DOM-TOM,
- Plan d'Épargne en Actions, incitant à investir les capitaux privés dans les sociétés cotées en Bourse,
- Fonds Communs de Placements Innovation (FCPI), SOFICA, etc.

Cette panoplie de mesures fiscales incitatives, occulte totalement les critères de rentabilité des investissements, les investisseurs personnes physiques n'attachant que peu d'importance au rendement de ces placements, seule compte la transformation (quasi alchimique) de leur impôt sur le revenu en biens mobiliers ou immobiliers. Nombreuses sont les opérations de « défiscalisation », qui dans les faits, ne se traduisent par des gains substantiels, que pour les intermédiaires conseils, bénéficiaires de commissions importantes sur ces investissements.

Pour le contribuable, les profits mirages présentés dans les plaquettes de luxe se transforment le plus souvent en déficit d'exploitation qu'il doit supporter, sans parler des contrôles fiscaux qui risquent d'aboutir à une remise en cause de l'opération dès son origine.

Déplacement des investissements (navires de plaisance) des DOM-TOM vers la France métropolitaine dès la réalisation de l'opération ; changement d'affectation des investissements ; acquisition de logements ouvrant droit à une réduction d'impôt s'ils sont affectés à l'habitation principale, mais qui dans les faits sont loués en meublés à des

1. Inventaire Supplémentaire des Monuments Historiques.

touristes ; création de sociétés de façade dont l'unique objet est de bénéficier d'avantages réservés aux seules entreprises (EURL, SNC, SARL de famille). Les montages permettent la remontée des déficits jusqu'aux personnes physiques et leur imputation sur le revenu global de celles-ci mais peuvent également entraîner la remise en cause pure et simple de l'avantage fiscal.

Toutes les incitations à la « défiscalisation » ne sont pas à regarder de la même manière et celles dont il faut se méfier sont des opérations qui se traduisent toujours par une forte désillusion financière.

Les sociétés de quirataires, copropriété de navires de plaisance, les investissements sauvages dans les DOM-TOM, sont autant de techniques fiscales que l'investisseur prudent et avisé doit, sauf exception, impérativement éliminer de sa stratégie fiscale personnelle.

1.2 L'INVESTISSEMENT IMMOBILIER, MONUMENTS HISTORIQUES ET MONUMENTS INSCRITS À L'INVENTAIRE SUPPLÉMENTAIRE (ISMH)

L'État, dans un souci de préservation du patrimoine national, voire même de promotion, accorde également des avantages fiscaux substantiels aux acquéreurs de châteaux ou de demeures classés monuments historiques (ou ISMH) d'une part, et aux acquéreurs d'ancien haut de gamme (loi Malraux) d'autre part.

Seul sera ici envisagé le cas où le monument :

- est occupé par le contribuable à titre de résidence principale ou secondaire,
- est ouvert au public dans les conditions fixées par la Loi (40 ou 50 jours par an selon les périodes),
- ne procure pas de recettes (droit de visite).

Les travaux de réparation et d'entretien exécutés ou subventionnés par l'administration des affaires culturelles sont déductibles pour leur montant total (mais hors subvention).

Si le monument est ouvert au public (cinquante jours par an, dont vingt-cinq jours fériés d'avril à septembre inclus ou quarante jours par an pendant les mois de juillet, août et septembre), la totalité des dépenses de réparation et d'entretien est admise en déduction du revenu global du contribuable. Ces charges ne sont déductibles que pour cinquante pour cent de leur montant si l'immeuble n'est pas ouvert au public.

L'achat d'un monument historique est donc un moyen privilégié de réduction de l'assiette imposable d'un contribuable lourdement imposé. Si la valeur de ce bien est à prendre en compte dans l'assiette de l'impôt de solidarité sur la fortune, on signalera que cette valeur échappe totalement aux droits de successions si les héritiers s'engagent à continuer d'entretenir et d'ouvrir au public l'immeuble selon les modalités ci-dessus décrites.

Il faut choisir avec attention le château ou la demeure sans se laisser aveugler par la « défiscalisation ». En effet les conditions permettant d'en bénéficier sont strictes. De surcroît, les avantages fiscaux risquent d'être très rapidement occultés par des travaux de grande envergure souvent indispensables.

L'investissement, qui est par définition non rentable, peut ainsi devenir un gouffre financier ! Il est coûteux d'entretenir un château, d'en réparer la toiture, etc.

1.3 L'ANCIEN DE HAUT DE GAMME : LA LOI MALRAUX

La loi Malraux concerne les immeubles situés dans des secteurs sauvegardés (publiés au *Journal Officiel)* ou dans une Zone de Protection du Patrimoine Architectural Urbain et Paysager.

Elle permet aux contribuables de réduire leur assiette imposable grâce à l'imputation des déficits fonciers sur leur revenu global, et ce, sans plafonnement du montant des dépenses nécessaires à l'opération.

Les opérations de restauration immobilière peuvent être réalisées à l'initiative d'un ou plusieurs propriétaires groupés ou non en association syndicale (notamment en Association Foncière Urbaine – AFU) et doivent recevoir au préalable l'agrément de l'Architecte des Bâtiments de France.

Le logement doit être affecté à la résidence principale du locataire et loué non meublé pendant aux moins six ans.

Le déficit foncier constitué par les travaux de rénovation, d'entretien, d'amélioration et de démolition est intégralement déductible du revenu global. Les travaux entraînant entre autres une modification du lieu (agrandissement...) ne sont pas admis en déduction. Sont aussi déductibles les frais de relogement, d'adhésion à des AFU ou des indemnités d'éviction versées à l'occasion de ces opérations (à l'occasion d'expropriation...).

Cependant il faut répartir le déficit en deux fractions : celle résultant de l'ensemble des dépenses déductibles précédemment énoncées et celle résultant des intérêts d'emprunt qui ne sont pas imputables sur le revenu global mais seulement dans le cadre des revenus fonciers.

L'avantage fiscal est accordé que l'investissement s'effectue de manière directe ou par le biais d'une société civile immobilière non soumise à l'impôt des sociétés (mais les associés devront néanmoins conserver leurs titres pendant 6 ans, le temps de la durée de la location).

On constate que l'effet de levier peut être notable pour trois raisons :

- les rendements locatifs ;
- la défiscalisation ;
- la mise en valeur des immeubles (rénovation) qui permet la fixation de loyers supérieurs et une augmentation de la plus-value lors de la revente.

Mais il convient de prendre garde à la requalification par l'administration fiscale des restaurations réalisées par des sociétés d'économie mixte. L'Administration considère alors qu'il n'y a pas eu d'opération groupée. Le secteur sauvegardé devra aussi être approuvé par le Conseil d'État.

Dans ces deux hypothèses l'acquéreur peut voir s'évanouir sous ses yeux l'avantage fiscal !

N'oublions pas de signaler que le marché de la revente a été considérablement déprécié à cause de l'abondance de l'offre suscitée par la loi Malraux elle-même : appliquée à trop grande échelle la défiscalisation tue la défiscalisation. On peut avoir des difficultés à céder des immeubles et être ainsi victime d'un manque à gagner d'où un amoindrissement notable du rendement escompté.

1.4 LE LOCATIF NU

En France, le besoin accru de logements locatifs est devenu une urgence. En effet, il y aurait un déficit de l'ordre d'au moins 20 000 logements par an, un retard important qui s'est accumulé au fil des années.

L'État a cherché et cherche toujours à remédier à la réduction croissante des investisseurs dans l'immobilier locatif ainsi qu'au retrait des institutionnels qui ont préféré dernièrement le marché d'immobilier d'entreprise, en leur offrant des « bonus fiscaux » conséquents.

Ainsi, les avantages fiscaux fondés par la loi Méhaignerie et sa dérivée, le « super Quilès » se renforcent et se perpétuent à chaque passage d'un nouveau Ministre du Logement.

Après Périssol et Besson, nous voici dans l'ère De Robien...

• *La loi De Robien*

Le dispositif De Robien remplace la loi Besson depuis Avril 2003, instituant un principe d'amortissement d'application plus large et plus souple car il concerne aussi les logements anciens réhabilités. Il permet ainsi de créer des logements locatifs là où la demande est forte, c'est-à-dire dans les zones chères ce que ne parvenait pas à faire le dispositif précédent...

Désormais, l'immobilier locatif, peut être découpé en quatre secteurs distincts :

- l'investissement locatif dans le logement neuf que nous appellerons *De Robien neuf*,
- l'investissement locatif dans le logement ancien ayant bénéficié de travaux de réhabilitation (*De Robien réhabilité*),
- la souscription de parts de Société Civile de Placement Immobilier (*SCPI De Robien*),
- l'investissement locatif dans le logement ancien sans travaux (*locatif ancien* qui dépend toujours de la loi Besson).

Pour le logement neuf et logement réhabilité :

Le contribuable bénéficie des dispositions fiscales suivantes :

- la déduction au titre de l'amortissement est de 8 % du montant de l'investissement pendant les cinq premières années et 2,5 % pendant au plus les dix années suivantes,
- les déficits fonciers, autres que les intérêts d'emprunt, sont imputables du revenu global à concurrence de 10 700 € par an (comme dans la loi Besson). Le surplus est déductible des revenus fonciers pendant les 10 années suivantes.

Pour cela, l'investisseur doit s'engager à respecter les conditions suivantes :

- louer le logement nu pendant au moins 9 ans,
- la location doit être destinée à l'usage d'habitation principale du locataire, qui doit être effective et continue,
- respecter un plafond mensuel de loyer par m² déterminé en fonction des zones où se trouve le logement et révisé chaque 1er janvier. En 2005 :
  . 19,19 €/m² en Zone A (agglomération parisienne, Côte d'Azur et Genevois Français),

. 13,33 €/m² en Zone B (agglomérations de plus de 50 000 habitants et agglomérations chères situées aux franges de l'agglomération parisienne et en zone littorale ou frontalière),
. 9,59 €/m² en Zone C le reste du territoire.

Ces plafonds mensuels ont été relevés par la loi de Robien pour relancer l'investissement locatif dans les grandes agglomérations. Ils sont désormais fixés à environ 90 % du loyer du marché libre des logements (ce qui correspond à une hausse de 40 % par rapport aux plafonds de la loi Besson).

Autre simplification non négligeable dans la loi De Robien par rapport à la loi Besson : l'abandon du respect du plafond de ressources des locataires. Ces mesures permettront aux investisseurs de voir presque doubler leur rendement interne.

Pour la souscription de parts de SCPI

Le contribuable bénéficie des dispositions fiscales suivantes :

- la déduction au titre de l'amortissement est de 8 % de 95 % du montant de l'investissement pendant les cinq premières années et 2,5 % pendant au plus les dix années suivantes,
- l'imputation des déficits fonciers sur le revenu global à hauteur de 10 700 €.

Concernant ses propres obligations, l'investisseur doit s'engager à conserver ses parts au minimum 9 ans, le temps de la durée de la location.

Nouveauté importante concernant les SCPI De Robien : l'avantage fiscal est transmis sur le marché secondaire à l'acquéreur ce qui en facilitera la revente contrairement aux SCPI issus du dispositif Besson.

Dans tous les cas, le taux de déduction forfaitaire annuel est réduit à 6 % (au lieu de 14 %) pendant toute la période d'amortissement du bien locatif.

La récente déroute de la Bourse a poussé logiquement les conseillers en gestion de patrimoine et les investisseurs à se tourner vers d'autres placements tels que l'immobilier. La mode actuelle est aux solutions tout compris incluant le logement, son financement, des assurances de carence de locataires, de loyers impayés et la gestion. Le propriétaire est ainsi accompagné jusqu'au terme de son opération...

Mais l'expérience doit inciter les acheteurs à la prudence. Ils doivent analyser de près les conditions de sortie de ces dispositifs, c'est-à-dire de revente du bien au meilleur prix. Car beaucoup de clients d'immobilier de défiscalisation investissent sans visiter le bien, sans vérifier la réalité de la demande locative ni le prix du logement... sans parler du fait que les conseillers insistent sur les avantages fiscaux immédiats et n'évoquent guère l'aspect immobilier tel que les problèmes liés aux locataires, à l'entretien et à la revente.

Fiscalement parlant, les économies d'impôt sont élevés les cinq premières années quand les intérêts d'emprunt et l'amortissement sont au plus haut. Dès la sixième année, les revenus fonciers peuvent être positifs et alors durement imposés quand l'investisseur se situe dans la tranche marginale d'imposition soit près de 50 %... ce qui incite souvent les propriétaires à réinvestir dans un autre bien au cours de la cinquième année pour éviter de payer à nouveau des impôts... ce qui peut devenir au fil du temps un cycle sans fin !

L'opération devient réellement intéressante lorsque l'emprunt est réalisé par un crédit *in fine* [1] car cette technique d'emprunt permet de reculer l'échéance de revenus fonciers positifs avec notamment le report des intérêts déductibles dans le temps et par la création d'amortissement réputés différés.

---

1. Remboursement du capital emprunté au terme du contrat de prêt.

Mais avant toute chose, il ne faut pas oublier de considérer l'achat de l'immobilier défiscalisant comme l'achat de sa propre résidence principale pour en considérer tous les aspects et éviter les déconvenues dans les années qui suivent l'investissement.

Et l'administration fiscale, face à ces avantages conséquents, ne manquera pas de contrôler le strict respect des conditions d'application de la loi. Une grande vigilance de la part de l'investisseur est donc préconisée.

- ***Le locatif ancien***

Les avantages fiscaux ont toujours privilégié les logements neufs mais mettre en location un logement ancien ne manque pas d'intérêt. En effet, à l'achat, il coûte 20 à 25 % moins cher pour un loyer à peine inférieur à celui d'un logement neuf équivalent. Sa rentabilité est bien meilleure et les perspectives de plus-values sont réelles...

> *Logement ancien sans travaux*

Les propriétaires de logements anciens, quelle que soit la date d'acquisition du bien et dans la mesure où le logement ne requiert pas de travaux de réhabilitation, sont toujours régis par la loi Besson (bien qu'ils bénéficient du relèvement des plafonds de loyer ainsi que du nouveau zonage de la loi de Robien).

Dans ce contexte, ils ont droit à certains avantages fiscaux (le taux de déduction forfaitaire annuel est de 40 % au lieu de 14 %[1]) dans la mesure où les investisseurs :

- destinent le bien à la location principale pendant une durée minimum de 6 ans,
- respectent des plafonds de loyers (en 2005 : 15,34 € en Zone A, 10,02 € en Zone B, 7,25 € en Zone C),
- respectent les plafonds ressources des locataires, qui sont en 2005 :

1. 40 % ramené à 30 %. 14 % supprimé par la loi de Finances 2006.

zone A : 30 580 € pour une personne seule, 45 703 € pour un couple,
zone B : 26 634 € pour une personne seule, 31 560 € pour un couple,
zone C : 20 680 € pour une personne seule, 27 797 € pour un couple.

> *Logement ancien fortement dégradé nécessitant des travaux*

Si les logements anciens sont fortement dégradés et la mise sur le marché de la location de ces biens requiert de lourdes dépenses de rénovation, alors ces logements pourront bénéficier de l'avantage fiscal « De Robien » (taux de réduction forfaitaire de 6 % et possibilité d'un amortissement de 65 % au total) au même titre que les biens neufs ou réhabilités sous réserve de respecter des conditions assez draconiennes (d'après le décret du 19 décembre 2003).

Ces conditions sont les suivantes :
- le bien doit être ancien et acquis depuis le 3 avril 2003 ;
- *avant les travaux*, l'acquéreur doit présenter deux documents spécifiques à l'administration fiscale :
  . un état descriptif du bien comportant les quinze rubriques listées dans l'arrêté du 19/12/2003,
  . une attestation indiquant au moins 4 éléments ne répondant pas aux critères de décence définis dans un décret du 30/01/2002. Cette attestation doit être réalisée par un « contrôleur technique ou un technicien de la construction qualifié » indépendant des entreprises amenés à effectuer les travaux,
- *après les travaux*, le propriétaire doit fournir une nouvelle attestation justifiant que :
  . le logement remplit bien tous les critères de décence,
  . le logement présente toutes les performances techniques arrêtées par le décret du 19/12/2003 (dont 6 d'entre elles ont été obtenues grâce aux travaux).

Bien sûr, cette attestation doit être rédigée par la même personne qui a fait la première attestation...

- l'acquéreur doit mettre en location le bien dans les 12 mois qui suivent les travaux et s'engager à le louer 9 ans à des conditions identiques que pour les biens neufs.

A première vue, le nombre de conditions exigées et l'importance des travaux à réaliser rendent ce dispositif difficilement accessible aux particuliers et financièrement peu intéressant. Par ailleurs, les exigences en terme de procédure à suivre et de qualité de travaux pourront facilement générer des contestations et donner matière à l'administration fiscale pour remettre en cause les avantages acquis par le propriétaire.

1.5 LE LOCATIF À CARACTÈRE PROFESSIONNEL

L'investissement dans le locatif à caractère professionnel répond à un besoin économique, de ce fait il est moins aléatoire et paraît moins risqué tout en présentant des avantages fiscaux certains. Toutefois il requiert un savoir-faire de professionnels : de la location en meublé professionnelle à la gestion hôtelière en passant par la location de résidences avec services, de telles activités font appel à des conditions spécifiques qui ne sont pas à la portée de tous.

Cette activité présente de réels avantages à la condition toutefois, comme son nom l'indique, d'être exercée en professionnel et non pas en amateur. La location meublée professionnelle bénéficie d'un régime fiscal très attractif puisqu'elle permet :

- l'imputation des déficits liés à cette activité sur le revenu global de l'investisseur. Cette activité relève des Bénéfices Industriels et Commerciaux (BIC) ce qui signifie que l'intégralité des charges d'exploitation est alors déductible des loyers, pouvant ainsi générer un déficit d'exploitation,

- une exonération des plus-values sous certaines conditions, à savoir :
  . activité exercée pendant au moins cinq ans,
  . le chiffre d'affaires réalisé au cours de l'année civile de réalisation de la plus-value ne doit pas excéder 152 600 € TTC.

Pour bénéficier de ce régime attractif, le loueur professionnel doit :

- être inscrit au registre du commerce en qualité de loueur en meublé professionnel,
- retirer de cette activité, soit au moins la moitié de son revenu, soit plus de 23 000 € (TTC) de recettes annuelles (pendant la première année, la règle du prorata temporis est appliquée),
- tenir une comptabilité et souscrire des déclarations comptables et fiscales identiques à celle des commerçants.

Ce seuil s'applique au montant des recettes de location en meublé réalisées par le foyer fiscal. Pour les sociétés ou groupements soumis au régime des sociétés de personnes, le seuil de 23 000 € s'applique distinctement à chaque associé, au prorata de ses droits dans les bénéfices sociaux.

Le meublé devra aussi répondre à des conditions d'habilitation : il ne suffira pas que l'ameublement consiste en quelques meubles épars (une chaise, un lit...) mais il devra répondre à des exigences minimales d'ameublement pour qu'un locataire puisse y vivre dans des conditions satisfaisantes.

La location en meublé sera obligatoirement mentionnée sur le contrat de bail.

Un dernier cadeau fiscal : le loueur est exonéré de l'ISF sur des actifs professionnels si l'activité de location est exercée à titre principal.

Mais pour atteindre le seuil fatidique des 23 000 € de loyers annuels, il faut le plus souvent investir un montant minimum de 400 000 € puisqu'il nécessite l'acquisition de plusieurs logements... ce n'est donc pas une opération destinée au grand public.

A tous ces avantages, le législateur a toutefois posé une limite : depuis le 25 01 1991 la Loi de Finances Rectificative pour 1990 supprime l'assujettissement des loueurs en meublé à la TVA, et ce, sans possibilité d'option de leur part. Ainsi, seules sont assujetties à la TVA, les prestations de mise à disposition d'un local meublé ou garni lorsque l'exploitant offre en sus l'hébergement (petit-déjeuner, nettoyage quotidien des locaux, fourniture de linge de maison et réception de la clientèle). De ce fait les recettes de location du loueur sont exonérées de la TVA, il se trouve alors privé de la déduction de TVA payée lors de l'acquisition des immobilisations et des biens et services nécessaires à l'exploitation.

En définitive cet investissement est intéressant, surtout lorsque le revenu atteint la tranche d'imposition la plus élevée (48,09 % en 2005) Mais l'administration fiscale se montre intransigeante : les recettes doivent effectivement dépasser 23 000 € ou constituer au moins 50 % du revenu global du foyer ; cela justifie le caractère professionnel de l'activité. Il faudra donc bien choisir son investissement afin qu'il soit rentable, et en l'absence de rendement lors de la revente peut se révéler très délicate.

Un projet de loueur meublé professionnel est intéressant car il peut être une solution pour répondre à différentes motivations personnelles telles que :

- *réaliser des économies fiscales* par l'imputation sur son revenu de toutes les charges d'exploitation, taxes foncières, intérêts d'emprunts, assurance, frais de montage et d'acquisition (ces frais peuvent être au choix imputés totalement la première année ou étalés sur une période maximale de 5 ans)...,
- *se constituer un patrimoine* à moindre coût grâce aux économies d'impôts, au loyer garanti et au crédit.

De plus, la transmission de ce patrimoine est facilitée en cas de décès car s'applique le régime de faveur des petites entreprises à caractère familial. Un abattement de 50 % sur la valeur des biens ou des titres de sociétés transmises par décès est pratiqué, si certaines conditions sont respectées.

➢ En cas de société :
- Le loueur doit avoir en cours au moment du décès un engagement de conservation des titres d'au minimum deux ans.
- L'ensemble des héritiers doivent s'engager à conserver les titres pendant au moins six ans.
- L'un des héritiers ou légataires doit exercer son activité principale dans la société.

➢ En cas d'entreprise individuelle :
- L'ensemble des héritiers doivent s'engager à conserver les biens hérités pendant au moins six ans.
- L'un des héritiers ou légataires doit poursuivre pendant cinq ans l'exploitation de l'entreprise.

Outre la possibilité de bénéficier de l'abattement de 50 %, le paiement des droits de succession de donation est facilité par le différé de 5 ans du premier paiement des droits et l'étalement du solde des droits sur les 10 années suivantes par semestre :

- *défiscaliser ses revenus locatifs* : les biens mobiliers et immobiliers du loueur font l'objet d'un amortissement comptable tous les ans. Ces amortissements ne sont comptabilisés fiscalement en charge que si le résultat d'exploitation est positif et à hauteur de celui-ci, ils ne peuvent donc contribuer à créer ou augmenter un déficit. Les amortissements, alors différés, le sont sans aucune limitation de durée et vont être utilisés dès que des résultats apparaîtront, permettant de les neutraliser fiscalement. Ce principe d'amortissement différé va permettre au loueur d'échapper à toute fiscalité sur ses revenus de la location pendant la durée de son prêt et même au-delà,
- *diminuer son assiette ISF* : les biens du loueur en meublé professionnel sont exonérés d'ISF si les revenus générés au loueur sont supérieurs aux revenus professionnels de son foyer fiscal,
- *préparer sa retraite* : les loyers perçus sont des revenus complémentaires, qui sont partiellement ou entièrement

défiscalisés en fonction de l'apport initial de l'investisseur,
- *avoir une protection sociale* : à travers la structure commerciale créée pour le LMP, l'investisseur, s'il a arrêté toute autre activité, bénéficie (de même que son conjoint) d'une couverture sociale en tant que chef d'entreprise.

Cependant, l'investisseur doit rester très attentif aux conditions de mise en œuvre d'une location meublée professionnelle car l'éligibilité au statut de LMP et les avantages fiscaux rattachés peuvent être remis en cause si l'administration relève des failles ou insuffisances au non-respect des règles de forme en particulier. Depuis 2002, les redressements fiscaux sont devenus plus nombreux à l'égard des montages LMP.

1.5.2 LES RÉSIDENCES AVEC SERVICES

Les résidences avec services se situent à mi-chemin entre la location en meublé et l'hôtellerie. Elles regroupent plusieurs types de logements :

- les résidences pour étudiants,
- les résidences destinées aux personnes âgées dépendantes ou non (EHPAD ou MAPAD),
- les résidences offrant des services quasi-hôteliers,
- les résidences à vocation touristique.

Initialement le statut est celui du loueur en meublé professionnel auquel s'ajoute l'assujettissement à la TVA en raison des prestations hôtelières ou parahôtelières. Pour en bénéficier, ces prestations doivent être réelles, c'est-à-dire être de véritables services (restauration, lingerie...). En leur absence, l'administration fiscale requalifiera le statut de l'investisseur en loueur en meublé professionnel ; il perdra de ce fait l'assujettissement à la TVA, et la TVA qu'il avait déduite lui sera alors réclamée.

La rentabilité de cet investissement est satisfaisante (environ 7 % à 8 %), facile à suivre. Il s'intègre aisément dans le cadre d'une stratégie patrimoniale si le montage est bien fait. Néanmoins la question de la revente reste posée à long terme.

1.5.3 LES RÉSIDENCES DE TOURISME SITUÉES EN ZONES DE REVITALISATION RURALE (ZRR)

De manière générale, les résidences de tourisme connaissent un certain engouement auprès des Français. En effet, leurs formules d'acquisitions présentent des intérêts multiples : vacances, patrimoine, rentabilité et allègements fiscaux !

Les résidences de tourisme situées dans des zones géographiques particulières à savoir les Zones de Revitalisation Rurales (ZRR) bénéficient d'un régime fiscal de faveur. Mis en place par la loi de Finances rectificative de 1998, ce dispositif a subi plusieurs réaménagements, dont la prorogation du dispositif par la loi de Finances jusqu'au 31 Décembre 2006.

L'avantage fiscal accordé aux investisseurs de résidences de tourisme classée, située en ZRR, ressemble sur de nombreux points à l'avantage fiscal accordé dans l'ancien dispositif Méhaignerie. Il se présente sous la forme d'une réduction d'impôt égale à 25 % du montant de l'acquisition acquis neuf ou en état futur d'achèvement, dans la limite d'un nouveau plafond (pour les investissements réalisés depuis le 1er janvier 2004) qui est fixé à :

- 50 000 € pour une personne seule (soit un montant maximal de réduction d'impôt de 12 500 €),
- 100 000 € pour les couples mariés (soit un montant maximal de réduction d'impôt de 25 000 €).

La réduction est étalée sur 4 années au maximum. Pour cela, l'investisseur s'engage à louer le logement nu pendant au moins neuf ans à l'exploitant de la résidence de tourisme par le biais d'un bail commercial, dans le mois qui suit la date d'acquisition ou d'achèvement.

Deux solutions s'offrent aux investisseurs intéressés par ce type de placement : la propriété financière ou un investissement mixte avec la possibilité d'allier placement et jouissance personnel. La première option ne permet pas à l'investisseur d'utiliser son logement. Le taux de rentabilité garanti par le promoteur se situe aux alentours de 5 à 5,5 %. La deuxième formule d'acquisition, l'investisseur s'accorde un droit d'occupation pouvant aller jusqu'à 8 semaines par an. Bien sûr, l'exploitant ne verse aucun loyer à l'investisseur pendant cette période mais celle-ci est considérée par l'administration fiscale comme un avantage en nature et doit être réintégrée dans les revenus fonciers du contribuable...

1.5.4 LE CRÉDIT IN FINE

Un investissement immobilier ne se conçoit pas sans un crédit car, outre le financement de l'achat, il ouvre la voie aux économies d'impôt. Les emprunts amortissables ou *in fine*... sont les deux types de crédits les plus couramment utilisés.

Le crédit *in fine*, s'il est bien utilisé, permet d'alléger substantiellement ses impôts lors d'un achat immobilier défiscalisant comme le De Robien...

Pour en optimiser le rendement, ce type de crédit s'adresse aux investisseurs se situant dans les plus hautes tranches marginales d'imposition.

Le principe du crédit *in fine* consiste à ne payer que les intérêts pendant toute la durée de l'emprunt puis à rembourser à échéance l'intégralité du capital.

Les prêts *in fine* comportent une période de différé d'amortissement pendant toute la durée de l'emprunt, le capital étant remboursé en une seule fois à l'échéance du crédit. Les mensualités ne sont donc composées que d'intérêts et cotisations d'assurance, ce qui permet une déduction maximale dans le cadre des revenus fonciers, et donc une diminution conséquente de la fiscalité liée à ces revenus fonciers (à la différence des crédits amortissables, qui ne permettent qu'une déduction de la part des intérêts des échéances – part qui va en diminuant avec le temps – dans le cadre d'une opération locative).

En revanche, ce montage impose de disposer à l'échéance du crédit de la somme nécessaire au remboursement en une fois du capital prêté. L'établissement financier prêteur prend garantie en associant l'octroi de ce prêt immobilier à la souscription d'un contrat d'épargne de capitalisation (de type assurance vie), sous la forme d'un versement unique et / ou des versements programmés, d'un montant suffisant pour reconstituer la somme prêtée au terme de la durée du prêt, en fonction du taux d'épargne assuré. Ainsi, à échéance, le capital est remboursé grâce à l'épargne constituée en parallèle.

La formule de l'*in fine*, dont le coût total est considérablement plus élevé qu'un prêt immobilier amortissable classique, ne s'adresse qu'à des emprunteurs avertis et fortement fiscalisés, dans le cadre d'investissements locatifs générant des bénéfices fonciers.

Le seul intérêt du prêt in fine est son bénéfice fiscal qui est déterminé par la situation patrimoniale de l'emprunteur. Ce bénéfice fiscal doit être supérieur au surcoût du prêt, donc avant de s'engager sur cette voie, il est impératif de réaliser des simulations pour comparer la rentabilité de l'investissement entre un crédit amortissable et un crédit in fine.

1.6 LA LOI GIRARDIN (Investissements Outre-Mer)

La loi Girardin remplace depuis le 22 juillet 2003 la loi Paul, qui elle-même succédait à la loi Pons... Chacune de ces lois a pour objectif de stimuler l'économie fort défaillante des DOM-TOM (de même que les collectivités territoriales de Mayotte, Saint-Pierre-et-Miquelon ainsi que les îles Éparses et l'île Clipperton) en y encourageant les investisseurs par des avantages fiscaux notables alors que les rendements étaient risqués et peu attractifs. Il convient donc, étant donné le contexte économique des lieux, d'évaluer, si, aussi substantielle que soit la défiscalisation, l'opération est rentable et ne risque pas de générer de lourdes pertes.

La loi Girardin a une durée de validité de 15 ans jusqu'au 31 décembre 2017, par souci de stabilité vis-à-vis des acteurs économiques. Les secteurs soutenus par cette loi sont le logement, l'hôtellerie, les énergies renouvelables et le financement des entreprises.

Les investissements réalisés doivent être affectés à l'exercice d'une activité éligible à la loi Girardin et ce, pendant au moins 5 ans.

Étant donné le retard du développement outre-mer et l'importance du chômage, l'éligibilité des investissements à la défiscalisation devient la règle quasi générale. Seules, certaines activités demeurent exclues (ex : commerce, activité financière, expertise et conseil, navigation de croisière...).

L'obtention d'un agrément préalable est obligatoire quel que soit l'investissement qui dépasse le seuil de 1 000 000 € (seuil abaissé à 300 000 € pour les investissements réalisés par des contribuables non exploitants).

Le principal attrait de la loi Girardin est l'imputabilité sans plafonnement de la réduction d'impôt sur le revenu dès la première année (contrairement à la loi Paul où le plafond correspondait à 50 % de l'impôt dû par l'investisseur).

1.6.1 LE LOGEMENT

a) Le secteur « locatif libre [1] »

Le logement doit être neuf et loué nu pour une durée minimale de cinq ans à un locataire qui y fixe sa résidence principale. Les loyers par m^2 et les ressources du locataire ne sont pas plafonnés.

---

1. Locatif libre : logements locatifs non soumis à conditions de ressources et à plafonnement des loyers.

b) Le secteur « intermédiaire[1] »

Lorsqu'ils réalisent des investissements dans le secteur locatif intermédiaire, les contribuables bénéficient d'une réduction d'impôt majorée sous réserve des conditions suivantes pour les baux conclus en 2003 :

- Le loyer annuel par m^2 de surface habitable, charges non comprises, ne doit pas dépasser 126 € dans les départements d'outre-mer.
- Les ressources du locataire figurant sur l'avis d'imposition au titre de 2002 ne doivent pas excéder 22 330 € (personne seule) ou 44 660 € (couple), sommes majorées de 2 584 € par personne à charge et de 3 452 € par enfant à compter du troisième.
- Le logement doit être neuf et loué nu pour une durée minimale de six ans à un locataire qui y fixe sa résidence principale.

Pour tous les investissements dans le logement, l'investissement est retenu dans la limite de 1 750 € HT (soit 1 898 € TTC) par m^2 de surface habitable.

Dans les deux cas la location doit prendre effet dans les six mois de la date d'achèvement de l'immeuble ou de son acquisition si elle est postérieure. Le locataire du logement ne doit être ni le conjoint de l'investisseur, ni un membre de son foyer fiscal.

Les particuliers qui investissent dans le logement bénéficient d'une réduction d'impôt égale à :

- 25 % pour les investissements en logements neufs destinés à l'habilitation principale de l'investisseur et pour les travaux de réhabilitation sur des logements anciens de plus de 40 ans. Cette réduction est étalée sur 10 ans ;
- 40 % du montant de l'investissement dans le secteur libre répartis sur 5 ans ;
- 50 % dans le secteur intermédiaire sur 5 ans également.

1. Locatif intermédiaire : logements soumis à conditions de loyer.

Ces réductions sont automatiquement augmentés de 10 points (soit 35 %, 50 % et 60 % respectivement) lorsque le logement est situé dans une zone urbaine sensible.

1.6.2 L'HÔTELLERIE

Compte tenu du caractère sinistré du secteur hôtelier aux Antilles et de son importance vitale pour l'outre-mer et devant la nécessité de restaurer sa marge de rentabilité par le recours à l'investissement externe :

- Le taux de défiscalisation sera porté à 70 % pour les travaux de réhabilitation hôtelière dans les DOM sauf pour la part de l'investissement relative au rachat du terrain et de l'immeuble existant pour lequel le taux actuel continue de s'appliquer (50 ou 60 % selon le lieu).
- La possibilité d'imputer sur le revenu global des investisseurs les déficits provenant de l'exploitation des sociétés en nom collectif sera rétablie, au profit des opérations de rénovation ou de réhabilitation hôtelière, jusqu'au 31 décembre 2008.
- Le plafonnement des amortissements prévu à l'article 39 C du CGI sera levé pour une durée de 5 ans, pour les opérations de rénovation ou de réhabilitation hôtelières.

1.6.3 LES ÉNERGIES RENOUVELABLES

Un taux de réduction de 4 % supplémentaires est accordé si les logements sont alimentés à partir de l'énergie solaire.

1.6.4 LE FINANCEMENT DES ENTREPRISES

Afin de favoriser le drainage de l'épargne des particuliers au bénéfice des entreprises de l'outre-mer, une réduction d'impôt de 50 % sera accordée au titre des souscriptions au capital de sociétés agréées (SO.FI.OM) intervenant dans le financement d'entreprises exerçant exclusivement leur activité dans les DOM dans les secteurs éligibles, sous condition du maintien des dites souscriptions pendant une durée minimale de cinq ans.

Ceux qui investissent dans les autres secteurs par le biais d'une entreprise ont droit à une réduction d'impôt de 50 à 70 % du montant de l'investissement, imputable dès la première année de l'investissement sans plafonnement.

Finalement, la loi Girardin élargit le champ d'application de la réduction d'impôt, majore le taux des aides fiscales, la durée sur laquelle la réduction d'impôt est étalée et le plafond applicable en cas d'affectation de l'investissement à la résidence principale. Est-ce que ce sera suffisant pour motiver ou re-motiver les investisseurs potentiels à s'orienter vers les départements Outre-Mer ? En effet, les investissements en outre-mer ont souvent laissé un souvenir au goût amer à de nombreux bénéficiaires des avantages de la loi Pons : des prix d'achat surévalués d'environ 20 % ce qui amputait considérablement l'avantage fiscal, des promoteurs peu scrupuleux sévissant sur ce marché, des locataires rares face à l'abondance de l'offre... De plus, l'avantage fiscal ne bénéficiant qu'au premier acheteur, la revente était très difficile voire impossible. Même si le marché est plus sain aujourd'hui, les risques n'ont pas totalement disparu : gestion confiée à un mandataire local incontrôlable, frais de remise en état très élevés, construction souvent hâtive et promise à une dégradation rapide... Autant d'éléments qui sont susceptibles d'annuler rapidement la rentabilité et l'espoir de plus-value et nécessitent une grande prudence de la part de l'investisseur.

Notons au passage que les sociétés fictives (SNC, EURL, SARL de famille) qui en tant que sociétés écrans permettent la remontée des déficits jusqu'au revenu global du particulier, lequel se dissimule derrière, peuvent être aisément requalifiées par l'administration fiscale puisqu'elles n'ont aucune existence économique ou juridique. En outre si les conditions requises pour bénéficier de la réduction d'impôt ne sont pas respectées, la réduction pratiquée fait l'objet d'une reprise au titre de l'année au cours de laquelle est intervenue la rupture de l'engagement : encore une fois la vigilance est vivement recommandée !

1.7 L'ASSURANCE-VIE

Un refuge fiscal de grande tenue, c'est en ces termes que l'on pouvait encore définir l'assurance-vie il y a quelques années. La France était pour une fois dans le groupe de tête des pays offrant à certains types de contrats des avantages fiscaux maximums.

Le terme d'assurance-vie désigne à la fois l'assurance « décès » et l'assurance « en cas de vie » mais également l'ensemble des combinaisons de ces deux grandes familles de contrats (appelé assurance-vie à capital différé et contre assurance). Il existe également des contrats mixtes combinant le contrat d'assurance « temporaire décès » et le contrat « en cas de vie », la compagnie d'assurance garantit le versement d'un capital au bénéficiaire en cas de décès de l'assuré ou le versement d'un capital à l'assuré lui-même (ou au bénéficiaire désigné dans le contrat) en cas de vie au terme du contrat.

Il existe actuellement deux grands types de contrats en assurance-vie :

- les contrats en euros. Ces contrats représentent la sécurité totale car les sommes sont investies en majorité dans des supports sans risques de type obligataires. Ainsi, l'établissement s'engage à verser à l'échéance du contrat la somme équivalente aux primes versées augmentée des intérêts capitalisés,
- les contrats en Unité de Compte appelés aussi multi-supports. Ces contrats sont adossés directement à des titres ou des valeurs mobilières (SICAV, FCP, SCPI, actions, obligations). Ils rendent le marché de l'assurance-vie plus attractifs mais aussi plus risqués pour le particulier. L'assureur garantit le nombre d'unité de compte mais pas leur valeur au sein du contrat. Les primes versées varient donc à la hausse et à la baisse en fonction des fluctuations des marchés boursiers ou immobiliers de référence.

Pour pallier une « fuite » trop importante des capitaux vers l'assurance-vie, permettant ainsi d'échapper en toute légalité et sans plafonnement à la fiscalité des droits de succession, deux lois de Finances successives (1998, 1999) ont modifié drastiquement le régime de l'assurance-vie, la rendant aussi beaucoup plus complexe... Désormais, il faut prendre en compte plusieurs paramètres comme la date d'ouverture du contrat, la date de versement des primes et l'âge du souscripteur pour connaître le régime de droits de mutation à appliquer en cas de décès de celui-ci (cf tableau page 159). Ainsi plusieurs règles peuvent donc être appliquées sur *un seul et même* contrat...

Malgré cela, l'assurance-vie reste encore le placement préféré des français, drainant plus de 60 % de leur épargne car ses avantages fiscaux et successoraux restent encore intéressants par rapport aux autres placements disponibles sur le marché français.

1.7.1 LES AVANTAGES FISCAUX

- ***Assurance-vie et revenus***

Depuis le 20 septembre 1996, il n'existe plus de réduction d'impôt annuelle liée au versement des primes dans un contrat d'assurance-vie. C'est surtout en matière de plus-values et de droits de succession que les avantages fiscaux restent notables.

Depuis l'entrée en application de la Loi de Finances pour 1990, les produits des contrats sont taxables quand leur durée effective est inférieure à 8 ans, mais restaient totalement exonérés lorsque la durée était égale ou supérieure à 8 années jusqu'à la loi de Finances de 1998, qui a mis en place le prélèvement libératoire de 7,5 %.

Ce prélèvement libératoire de 7,5 % est appliqué sur les intérêts lors de rachats effectués après 8 ans au-delà de la franchise annuelle de 4 600 € pour un célibataire (9 200 € pour un couple).

Depuis le 1er janvier 1998, des prélèvements sociaux sont appliqués sur tous les revenus du capital quels qu'ils soient. Les intérêts générés par les primes des contrats d'assurance-vie sont donc aussi concernés. Il existe cependant une distinction en fonction du type de contrat :

– les contrats en euro : les prélèvements sociaux sont annuels (au 31 décembre de chaque année),
– les contrats en unité de compte : les prélèvements sociaux sont appliqués uniquement au jour du rachat.

En cas de rachat partiel du contrat au cours des huit premières années les produits sont également taxés.

• ***Assurance-vie et droits de succession***

Les effets fiscaux

a) Le principe général « hors succession » (article L 132.12 du Code des assurances)

« Le capital ou la rente, stipulés payables lors du décès de l'assuré à un bénéficiaire déterminé ou à ses héritiers, ne font pas partie de la succession de l'assuré. Le bénéficiaire quel que soit la forme et la date de sa désignation, est réputé y avoir seul droit à partir du jour du contrat, même si son acceptation est postérieure à la mort de l'assuré. »

La provision mathématique correspond à la somme qui est due par la compagnie d'assurance au terme du contrat.

b) Les versements réalisés après l'âge de 70 ans

Le législateur a modifié l'article 757 B du CGI, maintenant rédigé en ces termes : « Les sommes, rentes ou valeurs quelconques, dues directement ou indirectement par un assureur, à raison du décès de l'assuré, donnent ouverture aux droits de mutation par décès suivant le degré de parenté existant entre le bénéficiaire à titre gratuit et l'assuré à concurrence de la fraction des primes versées après l'âge de 70 ans qui excèdent 30 500 €. »

Ces dispositions ont été appliquées sur les contrats d'assurance souscrits à partir du 20 novembre 1991.

La partie des primes versées après 70 ans qui excèdent la limite de 30 500 € est maintenant intégrée dans la succession et ceci quelque soit le contrat souscrit.

Exception : les reversions de rentes viagères en ligne directe et entre époux sont exonérées de droit de mutation quel que soit l'âge du souscripteur au moment du contrat (art. 793.1.5° du CGI).

c) Les versements réalisés après le 13 octobre 1998

La loi de Finances 1999 a institué la règle du prélèvement uniforme de 20 % pour toute fraction excédant 152 500 € (article 990, I) sur les sommes revenant à chaque bénéficiaire. Ce nouveau régime est appliqué à toutes les primes versées sur les contrats à partir du 13 octobre 1998.

Pour mieux comprendre la portée des deux dernières règles, un tableau récapitulatif permet de mieux saisir leurs incidences sur les contrats d'assurance vie en matière de droits de succession.

DATE DE SOUSCRIPTION DU CONTRAT	ÂGE AU VERSEMENT	PRIMES VERSÉES :	
		AVANT LE 13/10/1998	APRÈS LE 13/10/1998
Avant le 20/11/1991	Indifférent	Exonération	Prélèvement de 20 % au-delà de 152 500 € par bénéficiaire
Après le 20/11/1991	Avant 70 ans	Exonération	Prélèvement de 20 % au-delà de 152 500 € par bénéficiaire
	Après 70 ans	Droits de succession avec franchise de 30 500 € de primes pour l'ensemble des bénéficiaires	Droits de succession avec franchise de 30 500 € de primes pour l'ensemble des bénéficiaires

Les formalités à accomplir en cas de décès pour tous les contrats

La compagnie d'assurance ne verse les sommes dues que sur présentation d'un certificat provenant d'un comptable du trésor, constatant l'acquittement ou la non-exigibilité des droits de mutation se rapportant au contrat. Si la somme transmise n'excède pas 7 600 € et revient au conjoint ou à des successibles en ligne directe, le bénéficiaire doit simplement adresser une demande écrite précisant que les sommes n'excèdent pas 7 600 €.

Pour certains contrats souscrits à compter du 20/11/1991 le bénéficiaire doit déclarer les contrats souscrits, à compter du 20/11/1991 qui le concernent et pour lesquels des primes ont été versées après les 70 ans de l'assuré.

La compagnie d'assurance doit adresser aux services fiscaux un document récapitulatif indiquant : les contrats souscrits, le nom des bénéficiaires, les montants des primes versées par l'assuré après 70 ans et la date de décès de l'assuré.

1.7.2 L'ASSURANCE-VIE DÉTOURNÉE : RACHATS ET AVANCES

Pour répondre à un besoin de liquidité ou pour toute autre raison, le souscripteur d'un contrat d'assurance-vie peut récupérer son épargne (entièrement ou partiellement) avant (ou après) le dénouement normal du contrat c'est-à-dire 8 ans. Cette opération peut prendre la forme d'un rachat ou d'une avance.

- ***Le rachat***

En principe la provision mathématique représente ce que la compagnie d'assurance doit au souscripteur au terme du contrat, mais si celui-ci désire retirer son épargne avant le terme, l'assureur ne peut lui refuser la réduction ou le rachat, dès lors que 15 % des primes ou des cotisations prévues au contrat ont déjà été versées (article L 132.21 du Code des Assurances).

S'agissant d'un rachat partiel ou total, la valeur de rachat doit être égale à la valeur mathématique, cependant beaucoup de compagnies perçoivent une pénalité dégressive sur les contrats d'une durée inférieure à 10 ans. Cette pénalité égale au maximum à 5 % de la provision mathématique décroît en fonction du nombre des années du contrat. Elle est généralement supprimée passé 6 ans.

Le rachat est-il fiscalisé ?

Le rachat est un prélèvement sur un ensemble comprenant à la fois capital et intérêts (donc des revenus).

Seule est imposable la part de revenus comprise dans le retrait.

Les quatre premières années du contrat, ce revenu est imposé au choix du souscripteur soit au prélèvement libératoire de 35 % (auquel s'ajoutent les 10,3 % de prélèvements sociaux soit 45,3 %), soit à l'impôt sur le revenu en addition des autres revenus du souscripteur le tout étant soumis au barème progressif.

Les quatre années suivantes le prélèvement libératoire n'est plus que de 15 % (+ 10,3 %, soit 25,3 %).

Au-delà de 8 ans s'applique le prélèvement libératoire de 7,5 %. Mais il existe, comme toujours, des astuces pour éviter le prélèvement de 7,5 % comme :

- racheter les primes ayant générés des intérêts inférieurs à l'abattement annuel de 4 600 €.

Exemple : un contrat d'assurance-vie (souscrit depuis plus de 8 ans) comporte un capital de 42 600 € composé d'intérêts à hauteur de 15 053 €.

Scénario 1 : Si le souscripteur rachète la totalité du contrat en une seule fois, il paiera un impôt de 784 € : (15 053 € – 4 600 €) × 7,5 % = 784 €

Scénario 2 : Si le souscripteur rachète son contrat à hauteur du capital ayant généré 4 600 € d'intérêts, il paiera 0 € d'impôt. Il devra renouveler cette opération plusieurs années de suite pour retirer le capital en totalité sans imposition :

- souscrire un contrat DSK [1] qui en est exonéré,

1. Le contrat d'assurance-vie DSK est un contrat multisupport investis à plus de 50 % en actions françaises, dont 5 % en titres de capital-risque.

- ou bien encore avoir souscrit un PEP Assurance (ce qui n'est aujourd'hui plus possible depuis la suppression définitive du Plan d'Épargne Populaire en septembre 2003).

Les rachats programmés

La pratique des rachats programmés est pour l'heure un moyen efficace de déroger au principe de la progressivité de l'impôt. Mais, si de confidentielle cette pratique se généralise, l'administration fiscale risque d'en modifier fortement le régime d'imposition. Signalons également l'absence totale d'imposition des rachats effectués avant l'expiration du délai de huit ans ; dans les trois cas ci-dessous :

1. Mise à la retraite anticipée du bénéficiaire ou de son conjoint.
2. Le souscripteur demande la conversion de la valeur de rachat en rente viagère (clause prévue au contrat).
3. Le souscripteur ou son conjoint fait l'objet d'une procédure de licenciement.

Les avances

L'assureur a la possibilité de consentir à son client (souscripteur) des avances dans la limite de la valeur du rachat de son contrat.

La compagnie d'assurance effectue bien alors de manière provisoire un placement de fonds auprès du souscripteur.

Le contrat continue donc à fonctionner normalement, l'épargne acquise continuant à capitaliser sans tenir compte de l'avance. Dans les faits, le souscripteur dispose d'un délai de 3 ans (tacitement reconductible une fois) pour rembourser l'avance. Mais cette avance n'est cependant pas effectuée sans une contrepartie, la gratuité n'étant pas le sens des affaires. Il est donc conseillé de rembourser cette « dette ».

L'avance est productrice d'un intérêt, égal en principe à celui du contrat. En fin de contrat la compagnie versera donc l'épargne acquise déduction faite des avances et intérêts y afférents.

Le montant des avances peut atteindre jusqu'à 80 % de la valeur des contrats en euros et 60 % des contrats en Unité de compte.

L'avance est-elle fiscalisée ?

S'agissant d'un prêt effectué par la compagnie d'assurance au profit du souscripteur l'avance est donc totalement hors fiscalité.

La pratique des avances « programmées » si elle est à nos yeux condamnable, pose à l'administration fiscale un réel problème car cette dernière n'est pas informée par l'assureur des avances effectuées.

Le risque majeur que court un contribuable qui n'aurait pour seuls revenus que des avances, est celui de voir l'administration mettre en pratique une procédure d'exception, la procédure forfaitaire en fonction des éléments du train de vie.

L'administration dispose également de la possibilité de démontrer que, sous couvert d'avances, le contribuable a entendu disposer de tout ou partie de la valeur de rachat en échappant à la taxation ou en bénéficiant d'une taxation à taux réduit (cf. instruction SI.3.84 BODGI).

Procédure de taxation forfaitaire en fonction des éléments du train de vie

Le revenu évalué d'après un barème forfaitaire établi par la loi (résidences, véhicules, chevaux, bateaux) dépasse un certain montant qui est revalorisé chaque année.

Cette évaluation doit révéler une discordance manifeste (plus d'un tiers) et durable (deux années de suite) avec le revenu déclaré.

Le contribuable pourra toujours apporter la preuve (ce qui est le cas des avances) que ses revenus, l'utilisation de son capital ou des emprunts, lui ont permis de financer son train de vie.

Quoiqu'il en soit sauf réaction toujours possible de l'administration fiscale, la personne qui au jour d'aujourd'hui, aurait la totalité de ses avoirs sur des contrats d'assurance-vie souscrits, depuis plus de 8 ans n'a à acquitter ni l'impôt sur le revenu, ni dans certains cas l'ISF. De plus, les revenus que produisent ces contrats sont totalement exonérés d'impôt et ce même s'ils proviennent de versements effectués après la huitième année.

- ***Évolutions et perspectives***

Malgré sa traditionnelle réputation de placement à long terme, l'assurance-vie s'est adaptée aux évolutions et à la demande. Le marché assiste à l'émergence « d'une nouvelle race de contrats » qui s'apparente plus à des instruments de moyen terme : les contrats à rachat partiel programmé, appelés aussi improprement « contrats à revenus ».

Le souscripteur ne doit pas se limiter à « acquérir » son contrat, il doit également le gérer de manière active, c'est-à-dire s'assurer qu'il est toujours en harmonie avec des besoins patrimoniaux par essence évolutifs.

L'assurance-vie est donc devenue un « produit financier » susceptible de s'intégrer dans une gestion dynamique du patrimoine. Elle bénéficie de privilèges fiscaux encore suffisamment attractifs pour justifier l'engouement que connaît (encore) le produit en France et en Europe. Dans la plupart des pays de la Communauté européenne, l'assurance-vie est encouragée par un régime fiscal favorable voire privilégié. Partout est ressentie la nécessité d'encourager l'épargne, et la fiscalité apparaît comme le meilleur instrument d'incitation.

On signalera toutefois que dans les autres pays de l'Union européenne, l'assurance-vie est avant tout utilisée pour la prévoyance.

Si les solutions pour payer moins d'impôt ne manquent pas, elles ne doivent pas cependant faire perdre de vue à ceux qui les retiennent qu'un bon investissement doit aussi être rentable et que certains produits d'assurance sont à surveiller, tel le lait sur le feu.

Sans parler du détournement définitif des objectifs pour lesquels l'assurance-vie avait été créée initialement, assurer un capital à des héritiers ou à un conjoint, ou par un concours curieux de circonstances, l'intérêt fiscal primant sur le versement d'un capital à des héritiers ou à un conjoint, le souscripteur doit vivre le plus longtemps possible en utilisant au maximum avances ou rachats sur son contrat.

L'assurance-vie reste, même si elle a perdu nombreux de ses avantages au cours des années 90, le meilleur outil de transmission pour favoriser un conjoint, ses enfants, un ami. Elle est régie par des dispositions juridiques qui lui sont propres, dans la mesure où elle peut être conclue au profit d'enfants à naître, par exemple, et, surtout, parce qu'elle se caractérise par la dispense de rédaction d'un acte solennel, de rapport à succession, de récompense, ou encore de réduction pour dépassement de la quotité disponible, mais gare aux abus, car l'administration fiscale y veille. En effet, l'assurance-vie ne doit pas être un moyen de détourner les règles de succession en déshéritant indûment un enfant au profit d'une autre personne.

Cependant, pour une catégorie de contribuables, l'assurance-vie n'est définitivement plus l'eldorado fiscal d'antan...

1.8 LES AUTRES PRODUITS DE DÉFISCALISATION

Le marché actuel met à disposition du particulier divers produits de défiscalisation (FCPI, Sofica/Sofipêche, souscription au capital de PME, investissements forestiers...).

Tous ces produits s'adressent à une cible particulière : les contribuables fortement imposés dont l'objectif est de trouver des solutions rapides pour alléger leur imposition, qui sont généralement sollicités à chaque fin d'année par les établissements financiers sur ces placements... au lieu de s'y intéresser plus tôt ce qui leur donnerait d'une part un éventail plus large en matière de choix et surtout un délai de réflexion supplémentaire, donc la pression en moins.

Nous évoquons ici uniquement les FCPI, Sofica et Sofipêche qui restent les produits les plus fréquemment proposés.

Les FCPI (Fonds Communs de Placement Innovation)

Institués par la loi de Finances de 1997, les FCPI constituent une catégorie spécifique de Fonds Commun de Placement à Risque constitués d'au moins 60 % de titres de PME-PMI « innovantes » non cotés.

Les souscripteurs de parts de FCPI bénéficient d'avantages fiscaux à l'entrée et à la sortie de l'investissement :

• *Un avantage fiscal à l'entrée* (pour les versements effectués jusqu'au 31 décembre 2006).

Une réduction d'impôt égale à 25 % du montant des versements effectués chaque année dans la limite annuelle de :

- 12 000 € pour les célibataires soit une réduction maximale d'impôt de 3 000 €,
- 24 000 € pour les couples mariés soumis à une imposition commune soit une réduction maximale d'impôt de 6 000 €.

• *Un avantage fiscal à la sortie*

Le souscripteur bénéficie de l'exonération des plus-values de cessions (celles-ci sont juste soumises aux prélèvements sociaux de 10 %).

Cependant, pour bénéficier de ces avantages fiscaux, le souscripteur doit respecter les conditions suivantes :

- conserver les parts de FCPI pendant 5 ans au moins à partir de la date de souscription,
- ne pas détenir ensemble avec son conjoint, ses ascendants et descendants plus de 10 % des parts du Fonds ni plus de 25 % des droits dans les bénéfices des sociétés dont les titres figurent à l'actif du fonds au cours des 5 ans précédant la souscription des parts du FCPI.

Étant donné la composition des FCPI, ceux-ci sont par nature des placements très risqués.

Les FCPI lancés à la fin des années 90 ont ainsi connu des pertes très importantes (entre 15 et 60 %) dues aux excès de la bulle technologique.

Les générations suivantes de FCPI (lancées au début des années 2000) s'en sortent mieux car les promoteurs mettent, désormais, à profit la poche des 40 % de placements libres pour abaisser le risque du portefeuille (par des placements de taux, diversifiés ou actions défensives).

Cependant, l'attrait du gain fiscal immédiat ne doit pas faire oublier, qu'outre le risque pris par souscripteur, les FCPI sont soumis à des frais de gestion annuels très importants (entre 3 et 4 %). En effet, ces frais de gestion particulièrement élevés, sur 5 ans, finissent par entamer une bonne partie du cadeau fiscal à l'entrée, et sur 10 ans commencent à rogner une partie du capital...

Et enfin, toutes les sociétés de gestion omettent de dire qu'elles empochent 20 % des plus-values à l'échéance (déjà défalquées des valeurs liquidatives affichées)... ce qui signifie que le souscripteur doit miser sur des rendements positifs du Fonds pour sortir gagnant réellement à terme !

Les SOFICA (Société pour le Financement en capital d'œuvres cinématographiques ou audiovisuelles)

Ce dispositif d'incitation fiscales en faveur des souscriptions au capital de sociétés spécialisées dans le financement de la production de films français (création audiovisuelle) existe depuis 1985.

Les actionnaires de Sofica peuvent déduire le montant de leur souscription de leur revenu global dans la double limite de 25 % de son revenu plafonné à 18 000 €.

Pour bénéficier de cette déduction, le contribuable s'engage à conserver les titres correspondants pendant 5 ans minimum.

Dans le cas où la Sofica accorde une garantie de rachat des actions au souscripteur, alors le délai de conservation est plus long (8 ans).

Les SOFIPECHE (Société pour le Financement pour la pêche artisanale)

La loi de finances rectificative 2003 a prorogé la déduction spécifique à la souscription au capital de Sofipêche jusqu'au 31 décembre 2010, déduction qui devait initialement s'appliquer pour la dernière fois sur l'imposition des revenus perçus en 2003.

Les souscriptions sont donc déductibles du revenu global si elles sont effectuées jusqu'au 31 décembre 2010 par des personnes physiques ayant leur domicile fiscal en France au capital de sociétés agréées soumises à l'impôt sur les sociétés ayant pour activité le financement de la pêche artisanale.

Le fonctionnement des Sofipeches est relativement semblable à celui des Sofica...

En effet, la déduction ne peut excéder 25 % du revenu global, dans une limite annuelle de 38 000 € (contribuables mariés soumis à imposition commune) et de 19 000 € pour les autres contribuables.

Pour bénéficier des réductions, la conservation des titres correspondants est aussi de 5 ans minimum. Durant cette période il ne doit pas détenir plus de 25 % du capital de la SOFIPECHE.

Les parts déductibles du revenu imposable grâce aux Sofica et Sofipêche garantissent une économie d'impôt très appréciée par le contribuable. Le placement est sans risque, cependant ce n'est ni le rendement ni la plus-value de ces actions qui présente un intérêt mais bien l'attrait fiscal qui y est rattaché.

Dans tous les cas, la défiscalisation se fait sur des secteurs qui, faute d'avantages fiscaux, n'intéresseraient pas ou peu les investisseurs. Ces secteurs sont donc le plus souvent peu rentables et parfois même risqués. A cela s'ajoute l'effet pervers de l'avantage fiscal, qui en saturant le marché lui nuit encore plus. L'investisseur doit donc être très vigilant, prendre connaissance du marché d'une manière approfondie, envisager tous les risques qui s'y attachent. Il ne doit pas se laisser aveugler par la défiscalisation et avoir conscience qu'elle masque un investissement peu attractif. Il faut alors calculer si la défiscalisation qui s'y attache peut le rendre plus attractif et si l'opération est vraiment avantageuse au regard des risques qu'elle comporte. D'autres éléments peuvent bien sûr peser dans la décision d'investir, le « coup de cœur », le plaisir de posséder une belle demeure, la transmission hors droit à ses héritiers, l'installation d'un enfant, autant d'éléments irrationnels ou rationnels qui viendront contrarier ou renforcer la décision de défiscalisation.

1.9 LA FIN D'UNE ÉPOQUE OU LE PLAFONNEMENT DES « NICHES FISCALES »

Les différents avantages prévus au titre de l'impôt sur le revenu étaient comme nous venons de le voir, considérés individuellement et pouvant se cumuler. Désormais (loi de Finances 2006) ces « niches fiscales » seraient plafonnées à 8 000 € par an, majorés de 750 € par enfant à charge et de 5 000 € en présence d'une personne handicapée. La liste des avantages fiscaux plafonnées vient d'être rendue publique, elle reste toutefois amendable par le Parlement. Sont concernés la plupart des déductions et des crédits d'impôts (cf. avantages De Robien). Les investissements DOM feraient l'objet d'un encadrement particulier. Cette mesure s'appliquera en 2007 sur les revenus 2006. Les avantages liés à des décisions d'investissements antérieurs au 01/01/2006 ne sont pas concernés.

2. DEVENIR NON-RÉSIDENT

Contrairement aux Anglo-Saxons volontiers adeptes de l'« *Estate Tax Planning* », par-delà les États, la planification patrimoniale n'est que faiblement développée en France. Elle intègre peu la composante internationale. Les raisons en sont tant sociologiques que fiscales.

Depuis les années 80, les personnes physiques domiciliées en France ont succombé à l'impôt sur le revenu et à diverses impositions fortement réductrices du capital. Face à une administration fiscale de qualité – notre pays demeure qualifié de « cage fiscale » – l'individu est dominé par un système fiscal inflexible. De plus, la gestion fiscale patrimoniale – par-delà l'hexagone ou dans le cadre de la « Babylone fiscale communautaire » – se nourrit d'un mystère (le non-résident) ou de prétendus interdits fiscaux et bancaires. Une approche plus pragmatique conduit au constat suivant :

- gérer habilement son patrimoine (tant en revenu qu'en capital) est un droit, plus particulièrement au regard du droit fiscal ;
- transférer son patrimoine hors de France peut être un acte protecteur compte tenu du développement progressif des impositions.

Face aux dangers d'une délocalisation des patrimoines, l'administration fiscale a, dès 1989, fortement adouci la fiscalité de l'épargne. Corrélativement, elle a permis la transformation de notre pays en « havre fiscal » pour les seuls non-résidents. En conséquence, la réflexion demeure ouverte. Elle repose sur la prise en compte d'un concept majeur : celui du domicile. Il importe de le comprendre pour le qualifier. Qu'en est-il ?

2.1 LE CONSTAT : LE CONCEPT DÉLICAT DE DOMICILE/RÉSIDENCE

Toute tentative de planification conduit à connaître, de manière approfondie, la fiscalité de l'État de situation (la France dans notre cas) et celle de l'État d'accueil. Ces deux fiscalités jalousement protégées par les États sont la résultante d'une évolution culturelle et historique qui explique leurs profondes diversités. L'hétérogénéité demeure la règle, même dans l'espace communautaire.

La première approche concerne le droit fiscal national. Dans ce cadre, la loi du 29 décembre 1976 (codifiée à l'article 4B du CGI) retient le concept de domicile [1] comme critère d'imposition des personnes physiques [2]. L'apparente simplicité de cette disposition masque un champ d'application très large et attractif. Il s'oppose en cela à la subtile alchimie du système britannique. En outre, des postulats affirmés, tel celui des 183 jours, compliquent à l'excès l'approche technique. La conservation d'une législation bancaire, vestige du contrôle des changes, ajoute à la confusion. En fait, la notion de domicile reçoit deux exceptions : l'une en matière fiscale, l'autre en matière de contrôle des changes.

2.1.1 EN MATIÈRE FISCALE

• ***En droit interne***

L'article 4B du CGI adopte une définition extensive du domicile, qui conditionne et induit l'application de l'impôt sur le revenu et de l'ISF. La définition ne concerne que les seuls domiciliés. Il n'existe pas de définition légale des non-domiciliés de France.

---

1. Juridiquement élaboré lors du Concile de Trente (1568), pour grande partie repris dans le cadre de l'instruction administrative du 31.01.1928.

2. Applicable sous réserve des conventions fiscales internationales.

Pour définir le domicile fiscal, une énonciation de critères économiques, personnels ou professionnels est retenue.

On comprendra que la reconnaissance d'un seul de ces critères justifiera d'un domicile en France et de l'imposition corrélative. Ce large pouvoir d'imposition a permis d'affirmer que ce système induisait une « *présomption de domiciliation fiscale en France* ». Ce piège national sanctionne, à l'excès, les domiciliations factices à l'étranger.

On observera que le domicile fiscal n'est pas fonction :

- de la nationalité,
- de la durée du séjour en France (critère des 183 jours),
- d'un critère subsidiaire de qualification (un seul critère suffit).

Être domicilié en France conduit, en outre, à :

- l'imposition de l'ensemble des revenus mondiaux à l'IR (impôt sur le revenu),
- l'assujettissement à l'ISF (impôt de solidarité sur la fortune),
- l'assujettissement aux droits de donation ou de succession.

2.1.2 EN DROIT CONVENTIONNEL

On sait que l'article 4B du Code Général des Impôts s'applique sous réserve des conventions fiscales internationales. Ces dernières proposent des critères d'application plus protecteurs. Ils s'analysent dans un ordre successif et peuvent permettre – sous réserve d'une bonne lecture du traité fiscal choisi – de limiter les prétentions fiscales nationales. Les conventions fiscales sont nombreuses (une centaine) et lient, par exemple, la France à ses voisins de la Communauté. En règle générale, une personne physique recherchant une plus grande mobilité patrimoniale, hors de France, sera protégée pour autant qu'une convention fiscale lie l'État d'accueil à la France. Cette apparente protection conventionnelle ne doit pas être magnifiée. La jurisprudence la plus récente est parfois subjective et factuelle.

Globalement, la sévérité nationale demeure. La convention fiscale ne peut être invoquée que dans l'hypothèse d'un conflit de domicile entre les deux États. Les exigences restent entières et le renvoi aux critères du droit interne demeure fréquent. Cependant, on mesurera l'intérêt fiscal d'une référence au traité fiscal, l'absence d'une revendication conventionnelle fragilise un potentiel transfert de résidence.

Précisons que l'application d'une convention fiscale internationale modifie le qualificatif initial du domicilié et le transforme en résident. Cette distinction n'est pas toujours bien comprise. La confusion entre domicilié et résident est fréquente.

Soulignons cependant que la qualification de résident doit être privilégiée, le déplacement du domicile fiscal de France à destination d'un État conventionné est mieux admise par l'administration fiscale. Cette dernière s'interroge souvent, et à regret, tant sur les causes de la perte d'un citoyen fiscal que sur la nouvelle terre d'élection fiscale choisie.

Dans le cadre du clivage résident/domicilié, il y a lieu de rappeler les obligations liées au contrôle des changes.

2.1.3 EN MATIÈRE DE CONTRÔLE DES CHANGES

La législation relative au contrôle des changes, dont la France fut de longues années un véritable « musée » [1], avait esquissé une définition du résident proche de celle de l'article 4B du Code Général des Impôts. Cette réglementation dépendante des errements monétaires, n'hésitait pas à

1. La guerre de 1914-1918 a donné naissance au contrôle des changes national. Il fut enrichi, au cours des années 1960 à 1988, par une inflation de textes d'origine réglementaire et une excessive politique de dévaluation monétaire (1970 à 1987), avant la politique monétaire dite du « franc fort ». Par le biais de cette heureuse qualification, on rejoint le mythe du franc germinal (1807) première monnaie mondiale de l'époque.

discriminer à l'encontre des nationaux. Paradoxalement, le non-résident bénéficiait d'un traitement monétaire très privilégié. En revanche, les résidents demeuraient pénalisés. Ils ne pouvaient, compte tenu des contraintes attachées à la faiblesse du franc, se constituer des avoirs à l'étranger. Un droit de suite (délai de 2 ans aujourd'hui aboli) tentait de faire échec au transfert de résidence hors de France [1]. La liberté retrouvée parfois par la grâce du politique permettait, au mieux, de bénéficier de loi d'amnistie (dont celle du 11 juillet 1986) sans desserrement réel du carcan réglementaire.

Sous la contrainte communautaire, la France fut conduite à abolir son système de contrôle des changes dès le 1er janvier 1970. La liberté des transferts monétaires devint la règle dans l'espace monétaire international. Aussi, l'intérêt autrefois essentiel attaché à la qualité de non-résident fut-il rendu caduc. Cette définition du résident, sans grande conséquence, s'est simplifiée. Elle est définie par rapport à la « *notion de principal centre d'intérêt* ». De fait, elle est liée au départ définitif de France. L'acquisition de la qualité de non-résident est instantanée et peu formelle. Elle suit l'acquisition de la non-résidence fiscale.

Cette liberté nouvelle au regard des autorités monétaires n'est pas absolue. Une nouvelle contrainte est née. La loi de Finances pour 1990 a mis en œuvre un contrôle fiscal des mouvements de capitaux. Rappelons ce mécanisme mis en place qui conforte à l'excès le droit de communication à l'administration :

– déclaration des transferts de plus de 7 600 € à destination de l'étranger.

A défaut, les fonds irrégulièrement transférés sont réputés constituer des revenus imposables en France. A l'heure de la libéralisation des flux financiers, on s'interrogera tant sur

1. Travaux du Conseil européen de Strasbourg et décret du 29 décembre 1989 et cf. question n° 90/92 *JOCE* C 58 du 1er mars 1993, p. 12.

l'opportunité de ces mesures que sur l'efficacité de ces dispositions coercitives, au sein de l'UE (plus particulièrement vis-à-vis des États « non communicants »), Autriche, Luxembourg, Royaume-Uni, etc.).

Ceci étant rappelé, l'acquisition de la qualité de non-résident implique-t-elle des précautions quant à la mise en œuvre ? Quels intérêts en espérer ?

2.2 DEVENIR NON-RÉSIDENT : LA MISE EN ŒUVRE

A titre liminaire, cette branche de l'alternative (la non-résidence en France) n'est susceptible d'intéresser que les seules personnes physiques qui pourraient se détacher des critères attractifs du domicile fiscal. Par exemple, les salariés actifs dont le centre d'intérêt économique et le foyer sont localisés en France ne peuvent caresser une telle espérance. En conséquence, seule une population de *happy few* est susceptible d'acquérir cette qualification tant recherchée. Nous en rappellerons la mise en œuvre.

2.2.1 EN MATIÈRE FISCALE

L'analyse factuelle demeure importante. En outre, on comprendra que les autorités fiscales nationales restent attentives au regard du domicilié qui souhaite quitter, à titre définitif, la France. Perdre la qualité de domicilié de France pour se voir reconnaître celle de non-résident implique que :

- les critères alternatifs de qualification du domicile (art. 4B du CGI) soient rendus caducs ;
- que le déménagement soit **réel** et le transfert de domicile indiscutable ;
- que les autorités fiscales de l'État d'accueil formalisent la prise de résidence nouvelle.

Ceci entraîne une complète information des autorités nationales, le dépôt d'une déclaration de revenus en France, au titre du départ de France, et la liquidation de l'IR exigible (application *prorata temporis*). Soulignons que le transfert de domicile ne saurait être clandestin. De plus, l'officialisation fiscale d'un lien permanent d'habitation dans le nouvel État, de préférence conventionné, est un impératif incontournable. Il permettra de sécuriser le transfert de domicile. Comme indiqué, le transfert réel du « centre des intérêts vitaux » dans l'État de résidence fera échec à toute tentative de requalification. Sachant « *qu'une personne physique est résidente ou ne l'est pas* », il y a lieu de fixer avec grande attention les critères factuels de qualification.

2.2.2 EN MATIÈRE DE CONTRÔLE DES CHANGES

Comme nous l'avons déjà signalé, l'influence communautaire a considérablement allégé les contraintes réglementaires. En fait, l'acquisition de la qualité de non-résident au regard du contrôle des changes est étroitement liée à la qualification fiscale. Le délai de deux ans – antérieurement applicable aux seuls nationaux – est supprimé. Aussi, dès le départ de France, le domicilié qui transfère son domicile deviendra-t-il immédiatement non-résident. En conséquence, il pourra transférer – sans aucune contrainte et dans leur totalité – ses avoirs à l'étranger... pour autant que ces derniers n'y soient pas déjà localisés.

En résumé, la qualité de non-résident est simple à acquérir, mesurons-en maintenant les conséquences.

2.3 LES CONSÉQUENCES

Traditionnellement, les non-résidents ont toujours fait l'objet d'attention et de mesures fiscales ou réglementaires de grande faveur. Le non-résident pourra au lendemain de son transfert dans un État, de préférence conventionné ou de l'Union Européenne, bénéficier de ces dispositions favorables. Deux hypothèses sont à distinguer.

– La première concerne celle du transfert intégral de tous les avoirs à l'étranger. En conséquence, la personne physique échappe à toute contrainte nationale et devient un sujet fiscal, à part entière, du nouvel État.

– La seconde est plus réaliste. L'ancien domicilié a pu souhaiter conserver en France, des immeubles, des liquidités ou des placements boursiers. A titre de rappel, une fiscalité nationale très douce s'appliquera aux revenus de ces placements toujours localisés en France.

Seuls les revenus fonciers demeurent taxables en France avec un taux minimum de 25 %. L'ISF sera exigible sur les seuls biens immobiliers situés en France.

En revanche, les plus-values boursières de source française seront totalement exonérées. Au regard de l'ISF, les placements financiers sont également exonérés (cf. article 885 CGI).

La conséquence majeure en matière de gestion d'un portefeuille de valeurs mobilières demeuré en France est celle d'une fiscalité à taux zéro (tant sur le revenu que sur les plus-values).

Aussi, si l'État d'accueil ignore l'impôt sur la fortune, l'avantage est-il facilement quantifiable. Le transfert induit également un arbitrage dans la structure du patrimoine, la part immobilière localisée en France, puisque taxable à l'ISF, devra être réduite, pour passer en dessous du seuil de taxation.

La dévolution patrimoniale représente un avantage complémentaire. Devenu non-résident, la fiscalité nationale, limitée dans son champ d'application par le principe de territorialité, ne sera plus réductrice. Bien au contraire, le régime du don manuel pourrait être optimisé au bénéfice des enfants ou parents demeurés domiciliés en France (application de l'article 750 *ter* du CGI). En outre, l'utilisation de l'instrument « trustal » ou l'adoption de dispositions étrangères, particulièrement généreuses, permettront de planifier, au besoin sur plus d'une génération, les dévolutions patrimoniales.

La richesse de cette situation nouvelle ne saurait faire, dans le présent cadre, l'objet d'une étude exhaustive. En revanche, le bénéfice de ces dispositions n'est acceptable que pour autant que la nouvelle résidence soit réelle. Relevons que nul secours n'est à attendre de l'harmonisation de la fiscalité personnelle ; le droit de taxer les individus demeure un privilège de chaque État. En revanche, la séduction fiscale des États implique une réalité qu'il importe de bien vérifier…

Le concept de résident demeure une des clefs de la gestion fiscale patrimoniale par-delà les frontières. Le concept est riche d'une multiplicité de solutions induite par l'application de plus d'une centaine de conventions fiscales internationales. Devenir non-résident, de son propre pays, est fréquemment avancé comme l'ultime étape de la planification. Néanmoins, soulignons, avec force, que la résidence dans l'État d'accueil doit être réelle. Dans le monde fiscal actuel, on ne saurait être résident de nulle part !

On comprendra que la limite à ces techniques de planification est celle de la fictivité. Le contribuable peut être, comme l'indique le professeur Maurice Cozian « *un bon gestionnaire* ». Il ne peut être « *un tricheur* ».

CONCLUSION

L'accélération des échanges internationaux au cours des vingt dernières années a favorisé un accroissement exceptionnel des déplacements de population.

Dans le même temps, les systèmes fiscaux locaux ont représenté et représentent toujours à cause de leurs disparités et de leur complexité, des pôles d'attraction, ou, tout au contraire, des facteurs d'expatriation. Ainsi, la Suisse par exemple ne fascine plus uniquement les milliardaires mais aussi les cadres des entreprises multinationales ou les professionnels libéraux alors que les pays scandinaves ont vu certaines de leurs élites quitter le sol natal.

Les populations diplômées des pays hautement industrialisés ont souvent intégré la variable fiscale dans leur choix de vie. A la perspective sécurisante de l'acceptation d'un revenu net d'impôts, de cotisations et d'une couverture sociale gérée par l'État, beaucoup de jeunes – souvent pépinière de l'élite de demain – préfèrent la disponibilité immédiate d'un revenu brut, quitte à devoir assurer la charge d'une automutualisation et d'une autocapitalisation.

Il ne faut pas confondre cette catégorie d'agent économique, las ou déçus d'un État providence dont ils considèrent que les attitudes confiscataires aux buts indécis sont par trop contraignantes, avec les fraudeurs fiscaux.

Ces derniers sont avant tout, soit des aventuriers de la non-fiscalité de leurs revenus et de leurs patrimoines, nomades égoïstes, soit des nationaux résidents d'un État à fiscalité forte, décidés à continuer d'y vivre en échappant à tout ou partie de l'imposition.

Les nomades fiscaux volontaires sont condamnés à « l'errance perpétuelle » avec le plus souvent comme perspective finale de terminer leur vie dans certains lieux certes souvent ensoleillés mais vides d'animation, où ils racontent à d'autres fraudeurs des histoires d'évasion.

Quant aux « malins locaux » qui veulent « le beurre et l'argent du beurre », ils ont souvent dépensé des fortunes pour faire échapper la leur aux impositions auxquelles ils auraient dû être assujettis. Mais tôt ou tard ils sont démasqués ou doivent se résigner à « jeter l'éponge » et rejoindre la précédente catégorie d'éternels errants. Il faut cependant noter qu'ici nous n'évoquons que ceux qui volontairement fraudent et non pas ceux qui défiscalisent légalement lorsque la législation nationale le leur permet.

A côté de ces catégories au demeurant peu importantes, existent toujours à la fois des expatriés « classiques » et des nomades involontaires en beaucoup plus grand nombre.

Les crises économiques successives pour ce qui est des premiers, égratignent de plus en plus le statut « royal » de l'expatrié français, salarié d'entreprise. Jusqu'à récemment, les ingénieurs et techniciens détachés ou envoyés en mission de longue durée sur des territoires toujours considérés comme lointain pouvaient négocier de véritables protocoles auprès de leurs entreprises. Ayant impérativement besoin d'eux pour conquérir des marchés ou superviser des chantiers, celles-ci acceptaient de passer sous leurs fourches caudines : sursalaires et primes multiples étaient l'apanage régulier de l'expatrié, qui après quelques années à l'étranger pouvait s'offrir la résidence secondaire tant rêvée. En l'occurrence, l'un des éléments clés de la négociation avec l'entreprise était l'imposition fiscale de l'expatrié. Le rêve, pour certains devenu réalité, consistait à ne rien déclarer en France, et d'autre part, à éluder toutes formes d'impositions locales au seul argument que les revenus touchés sur place n'étaient que des remboursements de frais nécessaires à leur vie quotidienne.

Mais les temps changent, le spectre du licenciement atténuant l'appétit des expatriés, les entreprises peuvent refuser l'escalade des primes et s'opposer à toute complicité d'élimination de la fiscalité.

Tout est maintenant tellement différent qu'il existe même des risques de multiples impositions. En effet, l'administration fiscale française renforce ses contrôles et s'intéresse à l'impôt sur le revenu des expatriés. Beaucoup de pays d'accueil se montrent quant à eux plus sourcilleux en matière d'imposition locale (la République Populaire de Chine ou l'Inde en sont des exemples éloquents). Le statut des expatriés en position de force pour optimiser la variable fiscale devient le plus souvent un fantasme.

Il est enfin nécessaire d'évoquer une situation récente et singulière : celle des nomades fiscaux involontaires. Dans certains secteurs, des entreprises étrangères proposent des contrats de travail pour une grande partie défiscalisés. De jeunes diplômés se voient offrir des contrats, souvent à durée déterminée, dont les salaires sont virés sur des comptes offshore ou dans des paradis fiscaux. Attrayante mais dangereuse offre. En cas de problèmes, seul le salarié est tenu pour responsable et il lui sera difficile, voire impossible de prouver que l'entreprise est solidairement responsable d'un tel état de fait.

Cette typologie des comportements vis-à-vis de l'imposition fiscale n'est pas exhaustive mais elle a le mérite d'indiquer la complexité des problèmes. L'âge d'or de l'« ailleurs » fiscal paraît révolu. Seule une gestion fiscale raisonnée pourra permettre au contribuable apte à débusquer les opportunités et conscient des risques qu'il encourt, de traiter ce problème avec pertinence et efficacité.

Enfin, il convient ici de souligner à nouveau l'importance de la décision intervenue le 3 juin 2003, entre les ministres européens des Finances qui ont définitivement entériné à Luxembourg un très important accord sur la fiscalité de l'épargne des particuliers. Ce texte prévoit un échange d'informations sur les revenus des non-résidents des états membres (le Luxembourg, la Belgique et l'Autriche appliqueront quant à eux un système de retenue à la source sur une partie des revenus des placements des non-résidents, la Suisse devrait également appliquer ce système sans pour autant renoncer à son secret bancaire).

Ce compromis européen signifie à terme une redistribution des cartes au profit notamment des paradis fiscaux de la zone des Caraïbes.

ANNEXES

ANNEXE 1

Direction Générale des Douanes et Droits Indirects

Direction Générale des Impôts

DECLARATION DE SOMMES TITRES OU VALEURS IMPORTES OU EXPORTES

DECLARATION OF IMPORTED OR EXPORTED AMOUNTS, SECURITIES OR VALUABLES

Article 464 du Code des Douanes

A remplir par toute personne physique qui importe ou exporte pour son propre compte ou celui de tiers des sommes, titres ou valeurs dont le montant est égal ou excède 7 600 euros ou sa contre-valeur.

According to the French regulation, this document must be completed by any individual who imports or exports on his account or on behalf of a third party amounts, securities or valuables, the value of which is or exceeds 7 600 euros, either in euros or other currency.

MINISTÈRE DE L'ÉCONOMIE
DES FINANCES ET DE L'INDUSTRIE

IMPORTATION ☐ *(1)* **EXPORTATION** ☐ *(1)*

NOM :
(Surname)

PRENOMS :
(Names)

DATE DE NAISSANCE *(Date of birth)* **:**

LIEU DE NAISSANCE *(Place of birth)* **:**

NATIONALITE *(Nationality)* **:**

ADRESSE DU DOMICILE PRINCIPAL *(Permanent Adress)*

N° *(Number)* **RUE** *(Street)*

VILLE *(Town)* **:**

CODE POSTAL : *(Postal Identification)*

PAYS *(Country)* **:**

PIECE
D'IDENTITE : N°

LIEU DE DELIVRANCE :
(Place of Issue)

TRANSFERT POUR COMPTE D'AUTRUI

OUI ☐ *(1)* **NON** ☐ *(1)*

(1) Cocher la case adéquate
(1) Please tick in where appropriate

Je déclare être porteur des sommes, titres ou valeurs énumérées ci-dessous *(2)* **:**
(I declare to be carrying the amounts of valuables as below (2))

NATURE DES SOMMES *(Identification of amounts, securities or valuables)*	**MONNAIES CONCERNEES** *(Currencies)*	**MONTANT** ***(Amounts)***

DATE DU TRANSFERT : **DATE DE LA DECLARATION :**
SIGNATURE

CADRE RESERVE A LA DOUANE *(For Customs Only)*	
Bureau ou Brigade : **BSITM**	Visa de l'agent Cachet
Code SIGRID : **00435**	
Contre-valeur en Euros : **Total : €**	
Provenance ou destination :	
Observations :	

(2) Indiquer l'une des mentions suivantes dans la case nature des sommes : billets de banque, pièces de monnaie, chèques avec ou sans indication de bénéficiaire, chèques au porteur, chèques endossables autres que ceux destinés ou adressés par des entreprises exerçant à titre habituel et professionnel une activité de commerce international, chèques de voyage, postchèques, effets de commerce non domiciliés, bons de caisse anonymes, valeurs mobilières et autres titres de créances négociables au porteur, lingots d'or et pièces d'or ou d'argent cotées sur un marché officiel.
(2) Indicate as appropriate : banknotes, coins, cheques with or without the name of the payer, bearer cheques, endorsable cheques, other than those sent to, or sent by firms carrying out international trade activities on a regular basis, traveller's cheques, postcheques, non domicilied commercial paper, anonymous corporate notes, securities or other bearer negotiable debt certificates, gold bullions and gold or silver coins quoted on a stock exchange.

IDENTIFICATION DU PROPRIETAIRE DES FONDS
LORSQUE CELUI-CI EST DIFFERENT DU PORTEUR DES SOMMES
Fund owner's identification when he's different from the fund's bearer

LE PROPRIETAIRE EST UNE PERSONNE PHYSIQUE *(individual)*

NOM :
(Surname)
PRENOMS :
(Names)
DATE DE NAISSANCE : **NATIONALITE :**
(Date of birth) *(Nationality)*
LIEU DE NAISSANCE :
(Place of birth)
ADRESSE OU DOMICILE PRINCIPAL : *N°(number)* *RUE (Street)*
(Permanent Adress)
VILLE :
(Town)
Code Postal :
(Postal Identification)
PAYS :
(Country)

LE PROPRIETAIRE EST UNE PERSONNE MORALE *(company)*

RAISON SOCIALE :
(Corporate Name)
ADRESSE DE LA SOCIETE : *N° (Number)* *RUE (Street)*
(Corporate Adress)
VILLE / PAYS :
Town/Country

Ces informations pourront donner lieu à l'exercice du droit d'accès auprès du SETICE – 8 rue de la Tour des Dames 75008 PARIS.

ANNEXE 2
Arrêt du Conseil d'État

Ce 17 mars 1994, n° 85894, 8ᵉ et 9ᵉ s.-s., Memmi.

M. Rougevin-Baville, Prés. – Le Pors, Rapp. – Arrighi de Casanova, Comm. du Gouv.

Considérant, d'une part, qu'aux termes de l'article 4 du CGI, dans sa rédaction en vigueur en 1976 : « 1. Sous réserve des dispositions des conventions internationales... l'impôt sur le revenu est dû par toutes les personnes physiques ayant en France une résidence habituelle. Sont considérées comme ayant en France une résidence habituelle : 1° Les personnes qui y possèdent une habitation à leur disposition à titre de propriétaires, d'usufruitiers ou de locataires... » ; qu'aux termes de l'article 4 A du CGI, applicable en 1977, 1978 et 1979 : « Les personnes qui ont en France un domicile fiscal sont passibles de l'impôt sur le revenu en raison de l'ensemble de leurs revenus... » ; qu'aux termes de l'article 4 B du même Code, applicable aux mêmes années : « 1. Sont considérées comme ayant leur domicile fiscal en France au sens de l'article 4 A : a) Les personnes qui ont en France leur foyer ou le lieu de leur séjour principal ; b) celles qui exercent en France une activité professionnelle, salariée ou non, à moins qu'elles ne justifient que cette activité y est exercée à titre accessoire ; c) celles qui ont en France le centre de leurs intérêts économiques... » ;

Considérant, d'autre part, qu'aux termes de l'article 3 de la Convention conclue le 28 mai 1973, entre la France et la Tunisie en vue d'éliminer les doubles impositions : « 1. Au sens de la présente convention, l'expression "résident d'un État contractant" désigne toute personne qui en vertu de la législation dudit État est assujettie à l'impôt dans cet État, en raison de son domicile, de sa résidence, de son siège de direction ou de tout autre critère de nature analogue. 2. Lorsque, selon les dispositions du paragraphe 1, une personne physique est considérée comme résident de chacun des États contractants, le cas est résolu d'après les règles suivantes : a) cette personne est considérée comme résident de l'État contractant où elle dispose d'un foyer d'habitation permanent. Lorsqu'elle dispose d'un foyer d'habitation permanent dans chacun des États contractants, elle est considérée comme résident de l'État contractant avec lequel ses liens personnels et économiques sont les plus étroits (centre des intérêts vitaux) ; b) si l'État contractant où cette personne a le centre de ses intérêts vitaux ne peut être déterminé, ou qu'elle ne dispose d'un foyer d'habitation permanent dans aucun des États contractants, elle est considérée comme résident de l'État contractant où elle séjourne de façon régulière ; c) si cette personne séjourne de façon habituelle dans chacun des États contractants ou si elle ne séjourne de façon habituelle dans aucun d'eux, elle est considérée comme résident de l'État contractant dont elle possède la nationalité » ;

Considérant qu'il résulte de l'instruction et qu'il n'est d'ailleurs pas contesté que M. Memmi avait la disposition d'un appartement situé à Paris qui constituait une résidence habituelle, au sens des dispositions précitées de l'article 4 applicables aux revenus de l'année 1976 ; que, pour les années 1977 à 1979, l'importance des revenus de source française perçus par le requérant ainsi que la possession par lui de six appartements, d'un important portefeuille de valeurs mobilières et de participations dans plusieurs sociétés en France conduisaient à le regarder comme ayant eu dans ce pays le centre de ses intérêts économiques au sens du c) du 1 de l'article 4 B précité, alors même qu'il assurait en Tunisie la gérance d'une société et y possédait un patrimoine, dont l'importance était sensiblement moindre ; qu'il résulte de ce qui précède que M. Memmi était en principe, pour l'ensemble des années en cause, passible de l'impôt sur le revenu en France, à moins qu'il établisse son droit de se prévaloir de la qualité de résident de Tunisie au sens des stipulations précitées de la Convention franco-tunisienne ;

Considérant qu'il est constant que M. Memmi disposait d'un foyer d'habitation permanent dans chacun des deux États ; qu'eu égard à l'origine tunisienne de ses revenus professionnels et française d'une partie au moins de ses revenus fonciers et mobiliers, à la répartition, entre la France et la Tunisie, de son patrimoine tant immobilier que mobilier, à la présence en Tunisie de son épouse, alors que ceux de ses enfants vivant en France n'étaient plus à sa charge, le requérant doit être réputé avoir eu des liens personnels et économiques étroits avec les deux États, sans que le centre de ses intérêts vitaux puisse, pour l'application du 2-a) de l'article 3 de la Convention précitée, être attribué à l'un ou l'autre de ces États ; que l'intéressé, qui effectuait de fréquents allers et retours entre la France et la Tunisie, séjournait de façon habituelle dans chacun des deux États, au sens du b) du même article ; que M. Memmi doit, dès lors, être regardé, en vertu du c) dudit article, comme résident de Tunisie dont il possédait alors la nationalité ; que, par suite, sont seuls imposables en France les revenus de M. Memmi dont l'imposition n'est pas réservée à la Tunisie, en application des stipulations de la Convention franco-tunisienne ;

Considérant qu'aux termes de l'article 28 de ladite Convention : « les éléments du revenu d'un résident d'un État contractant qui ne sont pas expressément mentionnés dans les articles précédents de la présente Convention ne sont imposables que dans cet État » ; que les revenus d'origine indéterminée taxés d'office en application des dispositions combinées des articles 176 et 179 du CGI, repris aux articles L 16 et L 69 du LPF, ne sont pas au nombre de ceux que mentionnent les autres articles de la Convention ; que, par suite, M. Memmi qui avait, ainsi qu'il a été dit ci-dessus, la qualité de résident de Tunisie, ne pouvait être imposé en France à raison de tels revenus ;

Considérant qu'il résulte de tout ce qui précède que le requérant est fondé à soutenir que c'est à tort que, par le jugement attaqué, le tribunal administratif de Paris a refusé de faire droit à sa demande en décharge ;

Décide : Décharge.

ANNEXE 3

Article 123 *bis* du CGI

(Ordonnance n° 67-836 du 28 septembre 1967 art. 5 Journal Officiel du 29 septembre 1967)

(Loi n° 98-1266 du 30 décembre 1998 art. 101 I, II finances pour 1999 Journal Officiel du 31 décembre 1998)

(Décret n° 99-382 du 18 mai 1999 art. 1 Journal Officiel du 20 mai 1999)

1. Lorsqu'une personne physique domiciliée en France détient directement ou indirectement 10 % au moins des actions, parts, droits financiers ou droits de vote dans une personne morale, un organisme, une fiducie ou une institution comparable, établi ou constitué hors de France et soumis à un régime fiscal privilégié, les bénéfices ou les revenus positifs de cette personne morale, organisme, fiducie ou institution comparable sont réputés constituer un revenu de capitaux mobiliers de cette personne physique dans la proportion des actions, parts ou droits financiers qu'elle détient directement ou indirectement lorsque l'actif ou les biens de la personne morale, de l'organisme, de la fiducie ou de l'institution comparable sont principalement constitués de valeurs mobilières, de créances, de dépôts ou de comptes courants.

Pour l'application du premier alinéa, le caractère privilégié d'un régime fiscal est déterminé conformément aux dispositions de l'article 238 A par comparaison avec le régime fiscal applicable à une société ou collectivité mentionnée au 1 de l'article 206.

2. Les actions, parts, droits financiers ou droits de vote détenus indirectement par la personne physique mentionnée au 1, s'entendent des actions, parts, droits financiers ou droits de vote détenus par l'intermédiaire d'une chaîne d'actions, de parts, de droits financiers ou de droits de vote ; l'appréciation du pourcentage des actions, parts, droits financiers ou droits de vote ainsi détenus s'opère en multipliant entre eux les taux de détention desdites actions ou parts, des droits financiers ou des droits de vote successifs.

La détention indirecte s'entend également des actions, parts, droits financiers ou droits de vote détenus directement ou indirectement par le conjoint de la personne physique, ou leurs ascendants ou descendants. Toutefois, ces actions, parts, droits financiers ou droits de vote ne sont pas pris en compte pour le calcul du revenu de capitaux mobiliers de la personne physique mentionné au 1.

3. Les bénéfices ou les revenus positifs mentionnés au 1 sont réputés acquis le premier jour du mois qui suit la clôture de l'exercice de la personne morale, de l'organisme, de la fiducie ou de l'institution comparable établi ou constitué hors de France ou, en l'absence d'exercice clos au cours d'une année, le 31 décembre. Ils sont déterminés selon les règles fixées par le présent code comme si les personnes morales, organismes, fiducies ou institutions comparables étaient imposables à l'impôt sur les sociétés en France. L'impôt acquitté localement sur les bénéfices ou revenus positifs en cause par la personne morale, l'organisme, la fiducie ou l'institution comparable est déductible du revenu réputé constituer un revenu de capitaux mobiliers de la personne physique, dans la proportion mentionnée au 1, à condition d'être comparable à l'impôt sur les sociétés.

Toutefois, lorsque la personne morale, l'organisme, la fiducie ou l'institution comparable est établi ou constitué dans un État ou territoire n'ayant pas conclu de convention d'assistance administrative avec la France, le revenu imposable de la personne physique ne peut être inférieur au produit de la fraction de l'actif net ou de la valeur nette des biens de la personne morale, de l'organisme, de la fiducie ou de l'institution comparable, calculée dans les conditions fixées au 1, par un taux égal à celui mentionné au 3° du 1 de l'article 39.

4. Les revenus distribués ou payés à une personne physique mentionnée au 1 par une personne morale, un organisme, une fiducie ou une institution comparable ne constituent pas des revenus imposables au sens de l'article 120, sauf pour la partie qui excède le revenu imposable mentionné au 3.

5. Un décret en Conseil d'État fixe les conditions d'application des dispositions qui précèdent et notamment les obligations déclaratives des personnes physiques.

ANNEXE 4

Article 167 du CGI

(Loi n° 76-1234 du 29 décembre 1976
art. 7 Journal Officiel du 30 décembre 1976)

(Loi n° 98-1266 du 30 décembre 1998
art. 7 II 14 IV, art. 24 I a, III, IV finances pour 1999
Journal Officiel du 31 décembre 1998)

(Décret n° 2002-923 du 6 juin 2002
art. 4 Journal Officiel du 8 juin 2002)

(Loi n° 2004-1484 du 30 décembre 2004
art. 19 I finances pour 2005 Journal Officiel
du 31 décembre 2004 en vigueur le 1er janvier 2005)

(Loi n° 2004-1485 du 30 décembre 2004
art. 30 I finances rectificative pour 2004 Journal Officiel
du 31 décembre 2004 en vigueur le 1er janvier 2005)

1. Le contribuable domicilié en France qui transfère son domicile à l'étranger est passible de l'impôt sur le revenu à raison des revenus dont il a disposé pendant l'année de son départ jusqu'à la date de celui-ci, des bénéfices industriels et commerciaux qu'il a réalisés depuis la fin du dernier exercice taxé, et de tous revenus qu'il a acquis sans en avoir la disposition antérieurement à son départ.

En ce qui concerne les revenus évalués forfaitairement il est fait état, s'il y a lieu, du montant du forfait fixé pour l'année précédente, ajusté à la durée de la période écoulée entre le 1er janvier et la date du départ.

1 *bis*. Abrogé.

2. Abrogé.

3. Les mêmes règles sont applicables dans le cas d'abandon de toute habitation en France.

LEXIQUE

ABUS DE DROIT

C'est une procédure, qui permet à l'Administration Fiscale française de restituer leur véritable caractère à certaines opérations effectuées dans le cadre d'actes parfaitement légaux, ces opérations ayant pour but de faire échec à la loi fiscale.

CONVENTION FISCALE

C'est un traité entre deux ou plusieurs États, qui vise à limiter les phénomènes de double imposition résultant éventuellement des relations économiques internationales entre les États. De facto, elle constitue une limitation de la souveraineté fiscale de chaque État. Elle définit des notions essentielles telle que l'établissement stable, la résidence, et prévoit les mécanismes et les modalités techniques nécessaires à sa bonne application.

CRÉDIT D'IMPÔT

Soient deux États A et B, entre lesquels il existe des possibilités de double imposition, atténuée par le mécanisme du crédit d'impôt. Le contribuable ayant payé des impôts en A, paiera également des impôts en B, mais pourra imputer le montant de l'impôt en A du montant de l'impôt dû en B. Cette imputation peut être partielle, totale ou plafonnée.

DÉPARTEMENTS D'OUTRE-MER (DOM)

Constitués de la Guyane, la Martinique, la Guadeloupe et la Réunion, ce sont d'anciennes colonies françaises. Ces départements font partie du territoire français, et les personnes (physiques ou morales) y résidant sont donc soumises à l'impôt français selon le principe de territorialité de l'impôt.

DOUBLE IMPOSITION

Lorsqu'une même personne (physique ou morale) – au regard d'une opération effectuée par elle – ou un même bien ou revenu sont imposés à deux impôts distincts qui se cumulent, la première imposition n'étant pas prise en compte pour le calcul de la seconde, il y a double imposition. Lorsqu'une même personne est imposée deux fois, il s'agit d'une double imposition économique, alors que lorsqu'il s'agit d'un bien ou d'un revenu, c'est une double imposition juridique.

ÉCHANGE DE RENSEIGNEMENTS

C'est l'une des modalités envisagées par les conventions fiscales internationales, prévoyant, entre les administrations fiscales nationales, des échanges d'informations relatives à leurs contribuables. Ces échanges peuvent survenir lors d'une vérification internationale par exemple. Certains usages nationaux limitent parfois considérablement la portée d'une telle disposition.

HOLDING

Véritable société de portefeuille, cette structure peut bénéficier d'un traitement fiscal privilégié, exonérant les dividendes, et parfois les plus-values sur titre, de toute imposition spécifique.

INTERNAL

Internal revenue service (IRS), Admnistration fiscale fédérale américaine.

Internal revenue code (IRC), Ensemble codifié de la législation fiscale américaine.

Inland revenue code (IRC), Ensemble codifié de la législation fiscale britannique.

PARADIS FISCAL

C'est un État souverain accordant un traitement privilégié aux revenus provenant de l'étranger. Il constitue fréquemment un relais, un dépôt provisoire de fonds issus de l'étranger et également destinés à être utilisés hors du paradis fiscal. Un taux d'IS faible voire nul, une exonération des dividendes distribués dans le cadre de structures juridiques spécifiques (holdings, trusts..., etc.) caractérisent les paradis fiscaux. Leur avenir semble compromis par la multiplication des règles anti-évasion mises en place par les pays développés.

TAX PLANNING

Pratique des entreprises consistant en une utilisation optimale de la loi fiscale à des fins de minimisation du coût fiscal des opérations. Cette pratique, relevant de l'évasion fiscale, est considérée comme légitime et acceptable lorsque le mécanisme ou le montage utilisé correspond à des transactions commerciales normales, l'appréciation du caractère normal d'une opération étant différente selon que l'on s'adresse à l'administration ou au contribuable.

TERRITORIALITÉ

En matière d'impôt sur le revenu, sous réserve de convention internationale :

C'est l'ensemble des règles de droit interne français qui régissent l'imposition des résidents de France ayant des revenus de source étrangère, et l'imposition des non-résidents disposant de revenus de source française.

Est considérée comme résidente en France toute personne :

- ayant son foyer en France ;
- séjournant principalement en France ;
- exerçant en France une activité professionnelle non-accessoire ;
- ayant en France le centre de ses intérêts économiques.

Ces personnes sont alors imposées sur l'ensemble de leurs revenus quelle qu'en soit la source. Les personnes non-domiciliées en France ne sont imposables que sur les revenus de source française énoncés par la loi.

En matière d'impôt sur les sociétés, sous réserve de convention internationale :

Énoncé par l'art. 209-I du CGI, ce principe pose que seuls seront imposés en France les revenus nés d'entreprises exploitées en France.

Est considérée comme exploitée en France toute entreprise française ou étrangère :

- exerçant habituellement une activité en France ;
- disposant d'un représentant sans personnalité professionnelle indépendante ;
- réalisant des opérations formant un cycle commercial complet.

La France est le seul pays développé à avoir maintenu ce principe au titre de l'IS. Cependant, le législateur a pris en considération les phénomènes de groupe en créant les régimes de consolidation et de mondialisation, qui permettent aux entreprises de consolider les résultats de ses filiales étrangères.

TERRITOIRES D'OUTRE-MER (TOM)

Polynésie, Nouvelle-Calédonie, terres australes et antarctiques Françaises, Wallis et Futuna, Mayotte et Saint-Pierre-et-Miquelon sont des collectivités territoriales. Les TOM et les collectivités territoriales sont soumis à une souveraineté fiscale distincte de celle de la France métropolitaine et des DOM.

TREATY SHOPPING

C'est l'utilisation abusive des conventions fiscales internationales, relevant de l'évasion fiscale, contraire aux intentions des États signataires. Ainsi une convention ne doit bénéficier directement qu'aux résidents des pays signataires.

TRUST

Structure de droit anglo-saxon, reposant sur un démembrement du droit de propriété. Une personne, le constituant, confie un bien à une autre personne, le trustee, à charge pour celui-ci d'en faire bénéficier une troisième. Le constituant n'est plus juridiquement propriétaire du bien faisant l'objet du trust. Cette entité pose des problèmes de traitement fiscal dès lors qu'elle est soumise à l'appréciation de l'administration ou du juge d'un État qui ne reconnaît que le concept d'unicité patrimoniale.

ZÉRO-HAVENS

Zéro-Havens, paradis fiscaux, zéro-impôt. Absence d'impôts sur le revenu, de droits de succession, d'impôt sur les plus-values et le capital.

BIBLIOGRAPHIE

Ouvrages consacrés aux Paradis Fiscaux :

Guide mondial des Paradis Fiscaux, A. Beauchamp (Grasset, 1992).

Guide des Paradis Fiscaux face à 1992, E. Chambost (Sand, 1992).

Opérations Internationales et Paradis Fiscaux, Francis Lefebvre (2002).
Une étude complète et claire des Paradis Fiscaux dans le monde.

Ouvrages sur la gestion de patrimoine :

Le Patrimoine (2 tomes).

Pierre-Marie Guillon, Éditions PM&F (édition annuelle).
Le seul mémento français consacré à la gestion d'un patrimoine. Ouvrage exhaustif et clair, il donne en plus l'ensemble des données patrimoniales propres à chaque profession.

Dictionnaire permanent Épargne et Produits Financiers, Éditions législatives (édition annuelle).

Fiscalité immobilière :

Fiscalité immobilière, L. Broët & Y. Blaise, Éditions Delmas.
Fiscalité immobilière, J. Schmidt, Éditions LITEC.

Ouvrage de Fiscalité internationale
(en langue anglaise) :

International Tax Summaries, Coopers & Lybrand. C'est de loin l'ouvrage le plus complet, véritable dictionnaire de l'impôt dans le monde, tous les pays sont passés en revue.

TABLE
DES MATIÈRES

Deuxième partie

LES PARADIS FISCAUX POUR PERSONNES PHYSIQUES : DE L'ILLÉGALITÉ À L'IMMUNITÉ

Composition et mise en pages : FACOMPO, Lisieux

Achevé d'imprimer en janvier 2006
sur les presses de la Nouvelle Imprimerie Laballery
58500 Clamecy
Dépôt légal : janvier 2006
Numéro d'impression : 512160

Imprimé en France